U0036596

幸福

上 班 族 **40** 則 幸 福 指 引

禪

Happiness

聖 嚴 法 師

法鼓文化編輯部 選編

工作的幸福存摺

什麼是「好工作」？能讓你感到幸福的就是好工作！

一樣是朝九晚五的上班族，即使做相同的職務，領相同的薪水，但是有的人愈做愈快樂，有的人則是愈做愈不安，找不到樂在工作的方法。如果你找不到好工作，無法樂在工作，不妨先問一問自己，工作到底對自己的人生有什麼意義？

如果每天都像一台計算機，算著做一天事可領多少錢，或整天盯著時鐘，數著還要多久才會下班，這樣時刻算計自己的工作，無論做什麼

工作都不會快樂。工作的幸福與否，不能用薪水來衡量，因為工作讓我們得以發揮所學、自我成長，並帶給社會大眾幸福，廣結好緣。

俗話說「人在福中不知福」，即使做著人人稱羨的工作，如果心裡沒有滿足感，便無法快樂，珍惜能夠工作的福氣，知福才能幸福。當擁有了幸福，自然能持續服務大眾培福，福氣就會源源不絕。如果工作總是運氣不佳、不得人緣，更要把握種植福田的機緣。因此，特別將聖嚴法師著作中的經典開示整理成書，提供上班族知福、惜福、培福、種福的幸福之道。

透過工作，讓家人、同事、社會都因我們的努力而得到幸福。如果說工作是一份儲蓄、是一本存摺，我們所存入的絕不只是薪水，還有成長的智慧、奉獻的心力、廣結的人緣……，掌握每次培福的機會，讓工作成為我們的幸福存摺！

—— 法鼓文化編輯部

目錄

微笑禪

練習前的小叮嚀

1. 上班族易因忙碌而忽略微笑,帶給人疏離和冷漠感。如果能在工作中保持微笑,除有助於人際的溝通,也可放鬆自己的身心,讓工作的心情更愉快。如果能經常練習微笑禪,不僅可保身心健康,也能帶給別人快樂,讓大家都感受到幸福。因此,特別設計「微笑禪」,讓大家在閱讀本書前,先以禪法體驗幸福的感覺與好處。

2. 在日常生活中,隨時隨地皆可運用微笑禪。平常時,可找一處安靜的地方,採用坐姿或立姿練習。

✿ 微笑的要領

微笑禪有四個方法要領：

一、輕輕地專注

當我們持續專注在正在做的事情上，不分心在過去與未來時，會感到喜悅與幸福。隨時隨地體驗「身在哪裡，心在哪裡」，輕輕地、專注地活在當下，便可感受內心的踏實與喜悅，自然展現笑容。

二、放鬆

放鬆能使我們身心健康，無論發生任何事或遇見任何人，都不必害怕，心存感謝，就能面帶微笑。放鬆可使我們感到幸福而自然微笑，當嘴角微微上揚微笑時，也具有放鬆的效果，兩者是相輔相成、互為因果。

三、感恩知足

對事情感恩，能產生充實、滿足與喜悅的

感覺。感恩自己所擁有的一切因緣，父母的關愛、健康的身體、還有一口呼吸……。當感恩時能使我們以正向積極的態度看待世界，無論遇到順境或逆境，都視為學習的機會。微笑是最美麗的語言，學習保持微笑待人，能讓自己的心靈成長。

四、經常練習

我們每天在照鏡子時，可以看看自己微笑的樣子，藉由練習，習慣成自然。身心是相互對應的，心情喜悅自然面露微笑，而面露微笑也會產生喜悅心情。經常練習微笑，能讓心情保持無憂喜悅。

❁ 微笑的步驟

首先，將身上具束縛感的物品，如眼鏡、手表、首飾暫時卸下，讓身體自然放鬆。

放鬆身心，從頭到腳將身體緊繃不舒服的感覺放掉，心情保持愉快、自然舒坦，沒有壓迫的感覺。

保持清楚覺照的心，讓嘴角微微上揚，露出喜悅的微笑。

如有念頭與不安升起時，任它來去，試著以全然開放的態度覺察它的存在與消散，但不去分別或停留，回到嘴角微微上揚的喜悅感覺。

專注在微笑喜悅的感覺上，持續保持著。

觀察心裡的感受，保持輕鬆的感覺，保持幸福的微笑。

時時回歸自己的微笑，並同時回到對當下全然的覺察，保持著喜悅、安定、清楚而放鬆。

——法鼓山禪修中心 提供

幸福禪

Happiness

01
CHAPTER

健康的工作態度

　　人類為了生存活口，必須賺取活命的衣食，農耕時代的人類，日出而做、日落而息，就是為了生活。遊牧民族逐水草而居，跋山涉水，畜牧牛羊，都是為了生活。現代人上班下班，勞心勞力，還是為了生活。

❀ 工作就是工作

　　由此可知，工作的基本目的，就是在於糊口，為了取得衣食住行教育醫療等，所以大家需要有工作。現代人的工作類型很多，古代中國有三百六十行之說，現代人有千萬行業，其共通點

都是在證明，要付出辛勞才能生活。

　　如果說工作是為了生活，其實，要生活就必須工作，但工作則未必是為了要拿薪水。很多地方的義工，或稱志工，沒有拿薪水，卻也工作得很忙碌，我們不能說他們沒工作，他們只是在做沒有拿薪水的工作。如果希望生活得快樂，縱然是為了薪水，也不要時時刻刻在算計，工作一小時可以拿多少錢？錢少工作多划不划算？與其他人的工作量比較，自己是不是吃虧了？領一樣的薪水，自己的工作是否比他人更加忙碌？若不從「工作就是工作」這個角度出發，無論做什麼，工作一定都不會快樂。

❀ 自利利人，工作愉快

　　健康的工作態度，不僅是為了薪水而已，除了是為生活，更是為了服務他人，奉獻社會，

使社會進步，也使自己的生命品質成長。工作的質量和薪水的多寡，不一定能成正比，唯有好好運用工作的機會及工作的環境，讓自己成長，也使他人受益，自利利人，工作才會愉快。

如果把工作當作為社會大眾提供的奉獻，便是透過工作而將個人和社會大眾結合在一起，甚至也與現前的環境及未來的歷史，結合在一起了，這便是化自私的小我為無私的大我。如果能達到這種地步，你的人格，便與宗教家及哲學家的層次相當了。

——
選自《人間世》

> 禪一下
>
> 做任何事情都只是盡心盡力地奉獻，
> 能做多少就做多少，
> 發揮自己的生命力來為眾生奉獻。
> 這不是很有意義嗎？

工作不只是
保住飯碗

　　什麼是現代人應該有的正確、健康的職業道德觀念呢？時下有些年輕人，只把職業當成謀生的飯碗，在這種觀念的影響下，每當有額外工作時，有些人可能會這麼想：「反正我現在飯也夠吃了，衣服也夠穿了，房子也有得住，大不了比別人吃差一點、穿差一點、住差一點，而我也不指望這一輩子能發什麼大財，乾脆休息算了。」因此要他加班，他不願意；能夠少做一點工作，他就盡量少做；逮到休息的機會，他絕不放棄。

　　另外，有些人則是從十幾、二十歲開始工作，工作二十到二十五年之後，不過四十來歲就

退休了。拿了退休金以後，過起退休生活，開始養老。因為他已經心滿意足，覺得錢已經賺得夠多，生活還過得去，要那麼多錢做什麼？工作對他而言，只是為了謀生，既然發不了大財，想陞遷也陞不上去，就乾脆提早退休好了。這種心態，也不是健康的工作觀念。

❀ 單純地奉獻自己

對一個學佛的人而言，工作不僅僅是為了賺取生活費用，也不是為了追求名利，或是希望得到他人的讚歎、嘉獎。工作就是工作，工作本身就是自我生命的責任及權利，也正是生命的意義、價值所在。只要活著一天，就要工作一天，否則，這個人活在世界上就跟毛毛蟲一樣，不像個人了。

每個人都有他存在的特殊意義，那就是一

種努力奉獻他人的精神。我常常鼓勵許多年屆中年的在家居士，如果物質生活已經沒有困難，應該利用多餘的時間，投身各種公益慈善、社會福利事業的義務工作。付出自己的時間和精力，所得到的是身體及心理的健康；因為在做義工時，我們不忮不求，不為了得到什麼，只是單純地奉獻自己。想想看，有那麼多人因為你做義工而得到好處、得到幫助，這是多麼有價值而令人歡喜的事！

❀ 奉獻不能以薪水衡量

正在工作崗位上努力的人，也應該建立這種觀念，不管有沒有陞遷機會，不管薪水有沒有增加、調整，為了自己的身心健康，以及為了服務社會，我們都應該奉獻一己之力，盡心工作。奉獻不能以薪水多寡來衡量，這一份薪水只是工

作所得到的一部分回饋，代表的是人家對我們的感謝，工作的代價絕不能以一小時幾塊錢來計算的。

工作的目的只是為了奉獻、為了服務，如果能以這種心態來從事任何一項工作，一定可以全心投入、全力以赴，會很歡喜樂意地把每一件來到手上的工作都做得很好！

——
選自《工作好修行》

禪一下

幸福，是掌握在我們自己的心中，
而不是受環境的影響。
而且，如果我們每個人心中
有幸福、有快樂，
就能夠影響周遭的人，
讓他人也能夠感到幸福和快樂。

03

如何讓自己與
大家都幸福？

　　現在的社會風氣，不論是從媒體看到的，或者人與人之間所議論的、年輕人所競爭追求的，在社會風氣和家人的期待下，不外這幾類：第一個是賺大錢，第二個是愛情，第三個是名利。

❀ 天無絕人之路

　　假如沒有錢，人家看不起，假如沒有辦法競爭到名利權望，人家也看不起；還有，自己沒有得到異性的愛，好像是無依無靠的孤魂，沒辦法一個人過活似的。

　　但是，自己有信心可以賺到錢的人不多；

自己有信心一定可以找到情人，而且不會情變的很少；自己能夠掌握名利權望的人也很少。試想：人人都希望成為有名利權望的大人物，那麼誰當小人物？人人都希望當領袖群倫的火車頭，那就沒有吊車尾的人啊！

這些錯誤的價值觀，逼使許多年輕人走投無路；一旦看不開、想不通的時候怎麼辦？就結束自己的生命了。其實，天無絕人之路，只要肯走，就有路活。

我們現在要問，正確、健康的人生價值觀是什麼？只要活下去就有無限的希望和無限的可能，盡心盡力，做到自己能做到的最好，就可對得起自己，也對得起人了。如果努力過後，卻發現努力錯了，那就改正一下，做另一次的努力。如果發現交錯朋友遇上了鬼，也許他是無心的，原諒他一次吧！要是上了同一個人兩、三次當，

那就該以智慧來處理，分手對雙方都好。能這樣想、這樣處理，就不會走投無路了。

❀ 盡其在我，盡心盡力

盡其在我，盡心盡力。做任何事，目的只有一個，就是讓自己心安理得地走有希望的生路，讓其他的人不受傷害。能夠讓自己快樂，讓大家快樂；讓自己幸福，讓其他人也幸福；讓自己平安，讓他人也平安，這是最好的。如果做不到這些，至少不要以為自己是無路可走的人。

但是自己有多少能力，有多少付出，是不是一定有多少收穫？不一定。只要自己盡心盡力就可以了，如果此路不通，就換一條路走；如果已迷失在三岔路口，定一定神，選一條路走。此路不通是因經驗不夠，失敗可換取經驗，應該感謝失敗的經驗讓你成長，這樣想的時候，就沒有

走不通的路了。

——
選自《方外看紅塵》

禪
一
下

過去有因緣福德的，
未來就會遇到好因緣；
過去沒有因緣福德的，
現在就要多奉獻、多結人緣。

04
CHAPTER

有福不享
是傻瓜嗎？

　　有些人一生都很辛苦，苦得像我一般，請問這是哪一種果報？就我而言，我心甘情願地每天過這種辛苦忙碌的生活，我是在還債，還得愈多，債主就愈少，我愈是歡喜。這種作法端視個人的感受如何？是否能以佛法的觀念來衡量，如果能應用佛法的觀念，世間的福報，不就是苦報的開始嗎？福報享盡了，緊接著就是苦報的降臨。

　　如果我們現在能把握機會，無視於辛苦，不計較侮辱，且又能幫助別人解決苦難，更不為自己的名聞利養，不斷地努力求進步，盡自己所

能奉獻給需要幫助的人，實際上這就是在求福、培福。

✿ 有智慧的富人

平時能在自己的食衣住行各方面節約不浪費，又能將多餘的財物用來助人，這種行為看起來似乎是自討苦吃，乃至會被譏為「有福不知享福」。如果我們抱持這種怕人譏毀，因之而不願修福的想法，就是一個愚蠢的窮人；反之，能如是行，又持之以恆，才稱得上是個有智慧的富人。

✿ 惜福的一堂課

記得有一位居士時常送菜給我們的道場，結果，廚房的執事者認為菜量反正夠多，就專門挑選細嫩的葉子，而將老葉及根去掉，那位居士

看到之後，一聲不響地將老葉、菜梗通通撿起來準備包回家，於是我們的住眾就問：「某某居士，你不是已將這些菜都布施給我們了嗎？為什麼要將那些東西又帶回去呢？」

他說：「你們不吃的，我能吃，只要將葉子醃一醃就變成鹹菜，或者用來煮湯也是一道很好而營養的菜湯；菜梗或根的部分，將老皮削掉，用鹽巴漬一漬比什麼都好吃，如果你們想吃，等我做好了再拿來供養你們。」

這真是一堂非常精彩的教育課。從此以後，我們的出家眾，再也不敢任意亂丟東西了。

———
選自《念佛生淨土》

大家都可以
成為富翁

　　所謂富有，多半是指物質金錢的富足。例如美國著名財經雜誌《富比士》，每年都會公布全球富豪的排行統計，主要就是從這些人所擁有的資產財富來排定名次。換句話說，就是以擁有金錢的數量來判斷一個人富有的程度。

　　早期臺灣社會，也曾經歷過貧困的年代，經過數十年經濟的穩定發展，才有今日社會的富裕繁榮。但是物質的財富，真的讓人幸福快樂嗎？事實上，任何一個年代，都會使人感覺幸福或不幸福、快樂及不快樂。時至今日，物質的財富能為人帶來便利，同時也有可能為人造成煩惱。

所謂「飢寒起盜心」，似乎意味著物質生活改善之後，整體社會就能夠國泰民安，風調雨順。可是，另外也有一句話說「飽暖思淫欲」，指出物質財富的成長，並不一定能強化人的倫理觀及責任心，反而可能使得人心腐化，生活靡爛，造成社會的不安。

❀ 擁有全宇宙的財富

　　我不懂經濟學，我只知道人心如果偏向任何一種性質的極端之時，就會有問題。況且人生的快樂和幸福，並不等於物質財富的擁有，也不能從經濟條件的貧富來論定一個人生命價值之貴賤。也可以說，真正的財富不一定是金錢買得到，真正的財富在於我們內心世界的寬廣、豁達與包容。如能心包宇宙，財富即等同宇宙；如果能以大慈悲心對待一切眾生，一切眾生的財富，

就等於是自己的財富了，全宇宙的財富也等於是自家的寶藏了。

以護持法鼓山的信眾而言，捐款支持法鼓山，看起來他們個人的財富好像變少了，其實卻是更加富有了，因為，他的財富與社會的財富進行了整合。就好比一小滴水流入大海之後，融入於大海，而與大海等量，一滴水的力量極其有限，大海創造的生命力則是無窮盡的。因此，懂得奉獻的人，才是真正懂得資產管理的人。

❀ 成為快樂的富翁

現代社會中，雖然每個人的機運與聰明才智不一定成正比，所能創造的財富也不一定，但是如果有機會時，不妨就奉獻多一些；如果沒有機會，就奉獻少一些。布施是財富，知足也是財富，因此不論機會多與少、有或無，也等於是恰

到好處地在增添財富了。

　　以個人的聰明才智，加上努力，並適時掌握機遇，便能為個人創造最大的財富。如果人人都發揮各自的長才，善用機運，不計較你我多少，如此一來，相信每個人都可以成為快樂的富翁，我們的社會也就是富裕的人間淨土了。

──
選自《人間世》

禪一下	能夠不為自己的欲求而奉獻，就算得不到回饋也不計較，這才是最快樂的人！

利人便是利己

　　在我當小和尚時，有一天廟裡來了一位行腳僧，他病得很重，身旁沒有人照料起居，我師父就告訴我：「有一天你也需要四處去行腳，若是病了也需要有人照顧。」師父的意思是要我去照料那位病和尚，因此在那一陣子，我除了把自己的功課做好之外，也幫忙清洗打理那位行腳僧的衣食、湯藥和大小便器。

　　剛開始，我覺得這份多出來的工作很討厭，但是後來慢慢得到助人為善的樂趣；而且經過那段時間的磨練，我除了學會照顧他人，也學會如何照顧自己，就這樣，我多了一項看護病人的新

技能。

❀ 自我成長的機會

　　一個人的一生，只要願意奉獻、學習，都是自我成長的機會，這些成長，包括人格的與心理的兩種層面；但是如果不用心，恍恍惚惚過日子，人生很快就在蹉跎中逝去。記得在我十來歲時，我的二哥在軋棉花，這種工作很辛苦，需要不停地用腳在機器上踩踏著，因此他希望我也能出力幫忙。當時我還小，只想玩不想幫忙，我二哥就告訴我：「小弟，在草地上被放養的牛不久就會被人殺來當食物吃，但那些幫農夫辛勤耕田的牛，人們會說牠們是人的夥伴，一直飼養到老而捨不得殺來吃。你要當哪一種牛呢？」被二哥這麼一說，我開始認真幫他工作，一有空就分擔他的辛勞，把幫助二哥的工作當作玩耍，也是很

快樂的。

❁ 不停地求進步

　　很多人抱怨軍中生活乏味，但是我的軍中生活卻相當充實。我把分內的工作做好之外，只要有機會幫助人、服務人時，我也不會錯過，結果自己所得的收穫反而更多。例如，當時我參與軍中刊物的特約採訪工作，雖然別人玩樂時我還得工作，但因為多一份付出，也使我多了一份進步。

　　生而為人，就要不停地求進步，其方法與原則，不外乎除了做好自己的本業外，也要多參與服務他人的活動。如此不但能調劑生活，同時也能拓展自我的深度及廣度，為自己創造更寬闊的際遇，所以我要說：「利人便是利己。」從我的人生歷程來看，的確印證了這句話。因此奉勸

大家，尤其是年輕人，在努力於本業之餘，也要多多協助他人，多參與公益的活動，自己才會有多層面、多角度的成長。

——

選自《人間世》

禪一下 │ 不論大事小事，
凡是能夠讓我忙著奉獻的人、
教我學習成長的事，
都是好人，
都是好事。

虛榮不是幸福

在現今社會上，有一些人的生活過得非常奢華，出入坐的都是名車，甚至是加長的豪華轎車；家裡用的是各種黃金製品，甚至連馬桶都是金的。他的目的可能是為了讓別人知道，他和別人有多麼不一樣，以此滿足自己的虛榮心。

也有人認為賺了錢就應該花光，因為財富如果不用，萬一哪天死了來不及享用，不就等於白賺了嗎？所以，有多少就要用掉多少，這是刺激他繼續賺錢的一種原動力。還有人則是認為，人生在世只有短短幾十年的時間，如果賺的錢自己沒有用到而被他人花掉，多麼可惜、划不來啊！

所以，寧可自己把錢花掉，也不願留給別人。這雖然不算是虛榮心，卻是一種浪費。

像這兩種人，無論是站在佛法的立場或是環保的觀點來講，都不應該鼓勵，而應勸勉他們不要這樣浪費。因為他們所用的都是地球上的自然資源，而自然資源是屬於大家共有的，並不是他個人的。

❀ 花錢要花得有意義

所以，賺到的錢能節省就該節省，不該拚命花錢享受。譬如車子其實沒有加長的必要，難道要把車當床睡覺？或是在車裡跳舞、喝酒？而馬桶能用就好了，有必要用到黃金打造的嗎？有的人就是為了與眾不同，反而表現出一種暴發戶的心態。如果樣樣都是金的，或用其他特殊的物質來製造成功的形象，不僅可能讓人覺得他心理

有問題，對自己的身體也不一定有益。

　　要破除這種虛榮觀念，可以請他思考這樣做的快樂在哪裡？如果只是為了一時的滿足，卻招來別人的嫉妒，或被指責是浪費資源的人，這樣顯示闊氣有什麼價值呢？

　　但是，如果賺的錢是為社會謀求福利、改善人的觀念，以及幫助人的品質更好，生活得更安全、安定，那麼花錢就花得應該，花得有意義。

❀ 會用錢的人

　　我曾經見過幾個很有錢也很會用錢的人，我到他們家拜訪的時候，發現家裡的陳設非常樸素，吃的、用的、穿的都很樸實。他們把賺來的錢都用在公司的經營和員工的福利，以及對社會的奉獻上，而不花在自己的個人享受上。因為他

們認為唯有自然才是最好的，最簡樸的生活才是最健康的。

　　所以，一個有教養和道德水準比較高的人，是不會有虛榮心的，因為他們明瞭不要因為財富而迷失了智慧的道理。

———

選自《放下的幸福》

禪一下｜如果只是享福而不培福，
這福報終究有用完的一天，
有些人以為福只是單方面的接受，
其實，不斷地付出與儲存，
才是最可靠的。
有福而不用它來培植更多的福，
便是等於守財奴，而非有福之人。

知足是幸福的起點

　　幸福是每個人都希望得到的，但在追求的過程中，有多少人漏失了唾手可得的幸福？又有多少人身在福中不知福？很多人窮盡一生的心力追求幸福，換來的卻只是白髮蒼蒼和一聲聲的唏噓，這都是因為他們不明白幸福的真諦。

　　雖然財富、健康、名位、權勢都是一般人所喜愛的，但這些並不等於幸福。幸福的真諦應該是「平安就是福」，能不能夠平安雖然和外在環境有關係，但是決定性的關鍵，還是在於主觀的自我心態──如果自己的心態能平安、知足，就是幸福；如果不知足，要獲得幸福就很難。

❀ 真正的知足

　　真正的知足是「多也知足，少也知足，沒有也知足」，這是平安常樂的基本條件。不過，「多也知足」還容易理解，「少也知足」和「沒有也知足」就很難體會了。一般人大概會覺得納悶：「東西都不夠用了，要怎麼知足呢？更何況當什麼都沒有時，講知足不是很奇怪嗎？」

　　其實，東西多不一定就能滿足，因為世界上沒有一樣東西是真正、絕對的多，所有的「多」都是透過相對、比較而來的。而且，即使真的擁有很多，既不可能永恆不變，也不可能永遠維持正面的成長。所以，當「有」的時候就應該知足，至於「少」或「沒有」也是一樣，因為「少」或「沒有」都可能是「有」的開始。

　　因此，無論將來「有」或「沒有」，都一樣要努力，不要和別人比較、不要和過去比較、

也不要和未來比較。只要活著，就要憑自己的心力來做事，如果做錯了事，就要懂得懺悔、反省；如果做得不夠好，就要繼續努力把它做好、力求完美，以求不愧於天、地及自己的良心，這就叫作「知足」。

❀ 米缸裡的老鼠

我常常向弟子們講一個比喻：「不知足的人就像生活在米缸裡的老鼠，不知道自己的身邊都是可以吃的米，卻在米缸裡撒尿、拉屎，把米缸弄髒了，才又跳出去找東西吃。不但身在福中不知福，還糟蹋了自己的福報。」例如，雖然在禪堂裡有很好的環境供大家修行，還有老師指導修行方法，但是很多人仍然想著「這個方法不好、這個修行場地很差、我的身體很不舒服……」，用這些藉口來拖延自己的修行，不就像是米缸裡

的老鼠嗎？

因為缺乏感恩、知足的心，得到利益以後不但不會滿足，而且還會嫌棄別人把不要的東西送給他們，這就是身在福中不知福。此外，我們也要常常想到，自己的福報是從過去生中帶來的。所以，這一生要好好的惜福、培福，不要糟蹋了自己的福報。

一個真正知足的人，能夠了解「進退自如」的道理。退的時候，他不會怨天尤人，也不會認為是老天瞎了眼、自己生不逢時；進的時候，他則會心懷感謝地想：「如果不是我過去修來的福報，就是別人對我太好了。因為得到許多人的幫助，我現在才能這麼順利，無論得多、得少我都很感激。」

所以，一個人如果不培福、惜福，卻老是在享福，福報就會愈來愈少，幸福的日子總有結

束的一天。一個懂得知足、惜福、培福的人，當遭逢逆境時不會抱怨，在一帆風順時則懂得感謝，無論何時何地都感到心滿意足，才是個真正幸福的人。

———
選自《真正的快樂》

禪一下	知福才能知足常樂， 惜福才能經常擁有， 培福才會增長幸福， 種福才會人人有福。

帶給別人
幸福的希望

　　人的生命非常脆弱，而且是有限的。如果生命中的每一秒，都能讓自己快樂，也讓別人快樂；給自己希望，也給他人希望，就是有意義的活著。這是每個人都可以做得到的，不管是殘障或健康者，如果不這樣做，就是在浪費生命。如果身體非常健康，但是心理不健康、不快樂，無法帶給別人快樂；自己沒有希望，也無法帶給別人希望，這樣生活是沒有價值、沒有意義的。

✿ 對得起自己的生命

　　每一秒鐘實實在在地體驗自己活著，是很

快樂的事。生命往前走，只要是自己有心願、做得到的，就繼續做下去；能夠發揮多大的力量，就盡力去發揮。每個人的能力都不一樣，不要跟別人比較，只要充分地發揮自己的能力、對得起自己的生命就夠了。讓家裡的人因為你的希望而有希望，這就是菩薩自利利人的精神。不要自暴自棄，也不要要求太高，有多少電就發多少光，不需要跟別人比較。但是要如何才可以繼續不斷充電，就看自己的生命怎麼運用。

在面對困境而絕望時，人難免會有類似這種輕生的念頭，以為一死百了。心想反正已經沒希望了，活下去是多餘的，只是增加更多的痛苦，甚至為家人增加更多的負擔。這種情形在心理學上來講是正常的，許多人都會循著這個模式思考，但這是消極的。其實在困境中更應該往積極方向去想，因此轉念，從絕望變成永遠不放棄

希望。我也看過許多殘障人士被譽為口足畫家，還有玻璃娃娃也能從絕望的邊緣走出來，他們的生命就是社會最佳的勵志教材，帶給許多人希望。

❊ 當別人的支持者

從這個角度出發，提供給大眾兩個方向去思考：第一是要自我期許當別人的支持者，當你看到別人需要幫助的時候，要勇於做一個支持者；另外就是永遠要給自己一個希望，唯有如此，才有可能帶給別人希望。

———
選自《不一樣的人生旅程》

苦日子如何變成好日子？

　　有些人物質條件很苦，但精神生活卻是快樂的。中國古代的大賢人顏回，他住在簡陋的巷子裡，一簞食、一瓢飲，人不堪其憂，他卻樂在其中，不改其樂。為什麼他能快樂？因為他注重精神生活，而不追求物質生活。其實人不必過於擔心物質生活，螞蟻、老鼠都不事生產，也沒有積蓄，卻能過生活，還繁衍眾多的後代，何況是人呢？因此，不要擔憂自己未來會不會衣食匱乏。實際上，人生存著，一定有自己的福報。就基督教而言，就是上帝會賜給你；就佛教而言，人會有自己的福報。

❀ 放下得失心

當老鼠、螞蟻沒有東西吃時，也要自己去找，空等的話沒有人會送東西給牠們吃。同樣地，福報還是要自己努力尋找，不努力是不行的。努力了以後，可能收穫得多，可能收穫得少，但無論是多是少都要知足。

這就是要放下得失心。要是得失心太重，索求無度，就會很不快樂。有些事情表面看起來是得，其實未必是得；表面看起來是失，未必是失。例如，很多人十分瘋迷樂透彩券，想著要發大財。但發大財是否就會帶來快樂呢？是否以後就會日日是好日呢？

其實銀行裡的存款多並不代表快樂。很多人有錢並不快樂，一帆風順時並不快樂，總是在過苦日子一樣。

✿ 知福、惜福就日日是好日

　　最近有位很有錢的大老闆來看我。一般人以為他很風光、很有錢，但是他其實很痛苦，所以來找我。我告訴他：「你的痛苦就在於錢太多。」但是富有並不是罪過，也並不一定會帶來痛苦，重點在於懂不懂得運用金錢、有沒有適宜的價值觀。適宜的價值觀應該是：「金錢是我為大眾保管的，不是我的。」佛教講究的是因緣，基督教講究的是主的恩典，因緣是屬於大眾的，大環境好，個人才會好，大環境不好，個人是無法好的。

　　我所謂「日日是好日」是知福、惜福。有生命就是福報，知福、惜福就會快樂。福報是什麼呢？能夠活下去就是福報，有福報代表我們還有希望，有希望就會快樂。希望是什麼？希望就在前面，走下去就有前途，不走下去就沒有前

途。所以很積極地往前走，就是快樂的。

———
選自《不一樣的親密關係》

> **禪一下**｜有智慧的人，
> 所見的日日是好日，
> 所遇的人人是好人。
> 愚人被環境捉弄，
> 智者能改造環境。

開啟幸福的密碼

　　健康、內心平安，就是幸福。健康是指身體以及心理的健康。幸福的定義是主觀的，有些人三妻四妾、金玉滿堂，事業也平步青雲，但這種人幸不幸福？當然有可能幸福，但也不一定，可能他們非常孤獨、煎熬、沒有安全感，而且非常飢渴。飢渴的原因就是貪心、懷疑心或妒嫉心太重，像這種人是不幸福的。幸福不一定是物質上、外境上的順利，而在於自己的心是不是平靜、是不是感到滿足、能不能喜歡自己？喜歡自己並安於現狀的人是最滿足的。安於現狀並不等於得過且過，而是清楚自己能夠做到什麼程度，

並且努力去做，自然得到了回報和收穫，如此才會心存感恩而覺得滿足，這就是最大的幸福。

❀ 知足才能幸福

不知足一定不會幸福，另外，恐懼、排斥、妒嫉都是造成不幸福的原因。所謂不知足，就是得隴望蜀，這樣會很痛苦。「生命就在呼吸間」，如果忘記呼吸是幸福的，而認為擁有身外之物才幸福，就一定不會幸福；錯把幸福寄託在身外之物、身外之名、身外之事上，一定不幸福。但也不是說物質全都要捨棄，生活所需的物品還是要，與自己相關及對他人有益的事，還是一定要管、一定要做。

能夠付出多少，就看自己的能力和擁有的資源而定，再加上環境、時機的配合，這就是智慧！

✿ 逆向思考

臺灣曾發生過好幾次災難，像是九二一大地震、納莉颱風、桃芝颱風，還有 SARS 疫疾。每次災難後，我見到不少人從頹廢、消極的情緒轉變為積極，從旁觀者變成救災的參與者。有的人房子倒了或被水淹沒，甚至家裡有人往生，但他們很快就站起來自助助人，同時也成長了。例如我們有安心服務站、急難救援組織，主動與受災的民眾接觸，給予他們關懷，結果他們也親自參與救災工作，這樣就是因禍得福。照道理說，他們本來很倒楣，但是通過這些歷程以後，他們得到了幸福。而關鍵是，災禍、挫折或失敗並不會直接轉變為幸福，而是要靠自己不斷地提昇自我。

除了感恩自己現在所擁有的，還要思考如果失去了怎麼辦。這時，要感謝這樣一來自己能

少一點負擔，這就是逆向思考。逆向思考很重要，不管發生任何事，好的不要想得太樂觀，因為可能隨時有不好的狀況發生；遇到壞的狀況也要懂得逆向思考，因為壞的狀況不可能一直壞下去，遇到任何轉機，馬上就是另一個天地出現。所以，「逆向思考」能讓我們常保幸福。

———

選自《不一樣的親密關係》

禪一下	所謂「逆向思考」， 並不等於說是逆來順受，或隨波逐流； 而是清清楚楚地知道問題的癥結所在， 勇於面對，歡喜接受，盡心盡力處理， 然後放下一切的結果， 不管過程圓滿與否， 心無罣礙，隨意自在。

隨事、隨人、
隨時而喜悅

在平常生活中，我們也可以很容易感受到
所謂「境由心轉」，心裡快樂時，下雨天會覺得
雨景詩情畫意，天冷時舒服，天熱時溫暖。當心
裡不舒服、煩亂、憂愁時，看到別人笑，都會覺
得人家在對他冷笑。

我曾經看過一對夫婦正在吵架，他們的孩
子在外面玩得很高興，回家時又蹦又跳又笑地叫
著爸爸媽媽，沒想到母親劈頭就罵他，接著父親
又給他一巴掌。

其實，孩子是可愛的，只是碰到父母正在
吵架，心情正不好，他就挨罵挨打了。因此，世

界可以是淨土，也可以是地獄，完全由你的心來決定。

❀ 隨時保持內心充滿喜悅

當我在指導禪修時，會鼓勵禪修者在任何情況下，都要保持內心充滿喜悅，這在佛教中稱為「隨喜」——隨境而喜、隨事而喜、隨人而喜。

其實，這並不容易，因為賺錢、陞官、生孩子、娶媳婦、抱孫子時，一定可以隨喜。如果家中發生不順的事，或者聽到背後有人批評、指責你時，還能隨喜嗎？孔夫子說：「聞過則喜，知過必改。」聽到別人說你的過失時，還會歡喜，這是不簡單的，即使是修行人，雖然不會形之於色，也不會去反駁對方，但內心有時候還是會有一點點的波動。

❀ 以喜悅的心感謝

　　不能隨事、隨人、隨時而有喜悅感的話，倒楣受損的是自己。因為人家已經跟你過不去了，你還跟自己過不去，這不是很愚蠢嗎？不如將念頭一轉，自然可以體驗到「心淨國土淨」了。譬如夫妻吵架時，如果某一方能心存隨喜，以喜悅的心，感謝有機會來關懷對方，這個架自然就吵不起來了。

選自《平安的人間》

禪一下	隨喜功德， 也就是對於別人所得到的利益、 所做的好事， 要感同身受的隨喜、讚歎； 將所有榮譽歸諸於大眾， 而不是歸功於自己一人。

13

CHAPTER

少欲知足真快樂

　　時常我們所感受到的快樂，其實是忍受痛苦後的結果，而快樂本身，最後也會變成痛苦的原因。所以從佛法的觀點來看，「樂」是「苦」的開始，通常也是「苦」的結果。

　　例如辛辛苦苦工作、賺錢，努力了好長一段日子之後，再拿賺到的錢去吃喝玩樂，雖然享受到歡樂，時間卻很短暫。而且如果過度地享樂，就像自己沒有錢而向別人借錢一樣，欠了債就要還債，這就是一種苦。這又像是做了犯法或是對不起別人的事，雖然一時之間可以享受一些便利，覺得很快樂，但是到最後卻要連本帶利償

還，這時候就苦不堪言了。

❁ 觀受是苦

佛法認為，這個世界本來就是一個充滿「苦」的環境，「樂」和「苦」是一體的，人間的歡樂僅是片段、偶爾、短暫地存在，而苦卻如影隨形。所以，當在這個苦的世界之中有一點樂的感受時，千萬不要以為這就是永久的、可靠的。佛法進一步認為，既然這個世界，本來就是苦的，所以不妨多體認苦、勇於受苦，這樣反而苦的比較少。如果只是享樂、享福，福享盡了之後，受的苦會更多。所以佛教有一種修行方法，就是「觀受是苦」。

❁ 少欲知足

在一般人的生活中，如果想要生活得更

自在、安樂，就必須做到兩個基本原則：「少欲」、「知足」。唯有少欲知足，我們才不會如飢似渴地追求各式各樣的欲望，也才不會怨天尤人，埋怨外在的環境總是不如人意。

但是少欲知足的意義，並不是要我們放棄現實的生活。雖然自己要做到少欲知足，對他人仍然要努力的付出，奉獻我們所有的智慧和能力。為了對別人付出，就要盡量成長自己，不僅要使身體健康、智慧增長，同時也要增強幫助別人的慈悲心。

一個擁有幫助別人慈悲心的人，就不會太過於重視自我欲望的滿足，才能做到少欲知足，而擁有真正的快樂。

——

選自《真正的快樂》

14

如何成為
有福的人？

　　佛陀教我們要知足常樂，但很多人卻「人在福中不知福」，即使已經富甲天下了，如果不知足，仍然是貧窮的；有的人則雖然窮得「上無片瓦覆頂，下無立錐之地」，但只要他感覺活得很有意義，這人就算有福。

✸ 能知足就是有福

　　因此能知足的人，就是有福的人。我們也常說平安就是福，不過先要知道平安是怎麼來的。平安不是向外求的，因此心中平安就是最大的福。如果心中不滿足、不安定，也就沒有福。

其次是惜福。許多人知道有福，認為有福不享是傻瓜，應該有多少福享多少福。有的享兒女的福，有的享父母、丈夫、妻子的福，有的是享老福。可是光會享福是不夠的，因為福享過了就沒有了；有福應該要惜福，惜福的人最快樂，並且進一步把自己的福分享給他人，這也是一種惜福。

培福與種福

第三是培福。知道有福，但福報有限，就應該要培福。例如做好事讓其他人得到幸福，就是培福。培福不一定要用錢，舉手之勞或一句話、一個笑容都可以培福；培福的機會隨時都有，過馬路時攙扶一個小孩或老太太，坐車時讓位子給殘障的人都是培福。培福的人不但自己福更多，也會快樂。

第四是種福。知道自己沒有福，就要種福。培和種不一樣，已經有了而不夠，因此要培；原來沒有福，所以要開始種。佛教說的福田有很多，只要別人需要幫助，能適當的提供幫助就是種福。此外，種福要在人間種，要在與人相處互動之間種。

———
選自《不一樣的聲音》

禪一下	好人不寂寞， 善人最快樂。 時時處處助人利人， 也就會在時時處處你最幸福。

15

人生到處有幸福

為了享福，所以人人追求幸福，可是，一般人以為有了財富和地位、名望的人，就代表著幸福，這是不正確的；一個人的生活，是否感到幸福，決定不在於財勢名望的多少和高下。

✸ 沒有什麼理由不快樂

我曾讀過一則西洋故事：有一位百萬富翁，與一個郵差為鄰居，富翁每天工作繁忙，滿面怨苦，郵差則悠閒自在，笑口常開。富翁看那郵差，似乎每天都過得很快樂，好生奇怪，於是便問道：「你為什麼每天這樣快樂呢？」郵差回答

說：「我沒有什麼理由不快樂啊！難道你過得不快樂嗎？」這時富翁便不斷訴苦說：「我有這麼大棟房子，每年要繳好多稅金，房子還得請人保養，草地也得請人修理，現在呀！工資又貴，工人更難伺候，且油費上漲，我的汽車、飛機、遊艇，每個月又得多花好多開銷，加上所得稅、營業稅，以及交際費等各項開支，一個月二十萬美元都不夠使用，每朝每夕，我都要給那些人呀！事呀！錢呀！搞得團團轉，煩惱得不得了。」當下郵差笑道：「我只有一棟小房子，平常騎腳踏車，也沒什麼貴重的家具，也不必擔心哪天小偷光顧，我每天按時上班，作息規律，下班時、休假日，帶著孩子和太太到郊外踏青，雖是月入只六百美元，日子倒還過得快活自在。」

從以上的對照，我們不難得知幸福與否並不在於物質的多寡，而在於我們能否安心盡命的

去享用它，一般人在當物質充裕時，欲望也跟著提高，甚至物質的條件並不怎麼優厚，可是卻一心盼望著有更好的物質享受，於是像小狗繞著樹，拚命地追！追！追！想逮住牠自己的尾巴一般，一生一世忙碌！忙碌！從無一刻地安寧，也從未曾享受過自己的幸福。

✿ 身在福中不知福

有太多的人「身在福中不知福」，假使我們能體會到多吃一餐飯，多受一點陽光，乃至多呼吸一口空氣，多活一秒鐘都是幸福的話，則現在的人類又有哪一個不是幸福的呢？更何況我們一旦活著，眼可觀五色，上有日月星辰的運轉，下有春夏秋冬之更替；耳可聽五音，或是抑揚頓挫的旋律，或是動靜舒緩的交流。眼、耳、鼻、舌、身、意等六根為緣，三千大千世界的繽紛變

化，還待我們慢慢去欣賞玩味著呢！「知足常樂」，人能知道是福，能安於此福境，才能夠真正的受用其福，所以我要說：「人生到處有幸福，就看你能不能去享受它。」

——

選自《神通與人通》

禪 一 下	對於福，首先我們要知福， 人間處處有幸福， 其次要安於福，知足常樂， 然後更要惜福和培福， 開源節流，雙管齊下， 如能如此則必是有大福德的人。

16
CHAPTER

惜福的快樂、
培福的滿足

　　沒有錢的人只要有智慧，就會有福報，沒有錢而有智慧，仍可活得很自在，仍會到處有人緣。有些人，愈窮愈可惡，讓人看了就討厭，那就是因為他們既不知求智慧，也不想培福報。有些人，外在雖然窮，內心很知足，安貧樂道，陶然自得，這是人間的智者了。有些人，不論有錢沒錢，自知福薄慧淺，便來惜福培福，供養布施，奉獻他人，結果便成了自利利人、悲智雙運的菩薩行者。

　　當我在日本留學的時候，我只租賃一間四個半榻榻米的房間，覺得已夠用。我有一位同學租

的是十三個榻榻米大小的公寓，他卻經常在我面前叫窮、叫苦，嘆住處局促不自在。我告訴他：「我的房子才四個半榻榻米，我住起來非常舒適自在，你的已經比我的大多了！」他說：「因為你是和尚啊！」這就是說一個不知足的人，在任何情形下都不會自覺有福報；同樣地，有的人，雖住在深宅大院，高貴的華屋，也不會覺得自在滿足。

❀ 以智慧來用錢

以智慧來生活，以智慧來用錢，就會讓你享受到惜福的快樂、培福的滿足。以智慧來用錢，就能以少數錢做偉大的事，救多數的人。以智慧來處理金錢，便能使小錢變成大錢，用錢滾錢，不斷地增加，成為大富長者。培福等於賺錢，布施功德猶如把無形的財產不斷地存入銀

行，到最後你不僅成了銀行的股東，也成了銀行的老闆，整間銀行都是屬於你的。沒有智慧，便不會用錢，愈用愈少，福報也愈來愈小。福報就是擁有，而不是損耗。

✿ 處處惜福，時時培福

福報像水，你我就像水面的船。福多水漲船自高，容易行駛；福少水低船擱淺，寸步難行。有智慧的人，不論有錢沒錢，都能處處惜福，時時培福，所以有福；無智慧者，人在福中，仍不知福，一味損福，所以無福。別說未來的因果，縱在眼前，也不感覺到幸福，那便等於無福。

———
選自《禪的世界》

17

CHAPTER

你在苦中作樂嗎？

一般人所謂的享樂有兩種方法：一種是「麻醉」，例如抽菸、喝酒，或是使用其他刺激物、麻醉毒品，一時之間讓自己感到興奮、快樂或精神放鬆，暫時忘了自己正身處於危險或苦難之中，可是一旦時效過了，馬上又恢復原來的狀況。

另外一種方法是「刺激」，能讓我們的肉體官能得到痛快的感受，就像被蚊蟲叮咬後，搔著皮膚的癢處；或是在天氣炎熱時，喝下一大杯冰水，都會覺得非常舒服、很過癮、很爽快。可是以這些刺激方式來處理，往往會造成皮膚發

炎、氣息不順等毛病，這是因為對身體刺激過大所造成的。

❀ 享樂是麻醉與刺激

一般人所謂的享樂，不過是另一種形式的「麻醉」或「刺激」，都是以苦為樂、苦中作樂，並不是真正的快樂，也必然會得到樂極必反的苦果。以打牌為例，並不是每一副牌都能打贏，也許打贏一、兩次之後，運氣變差了，怎麼打也贏不了，這時候就會覺得非常痛苦。但是贏牌的人也未必快樂，有人贏牌之後，因為太快樂、太興奮，心血管受不了刺激，造成中風或心臟麻痺而過世。跳舞也是一樣，在舞池中跳舞時，感覺陶陶然，非常興奮、歡喜，連自己是誰都忘了。但是跳完舞以後回家，一覺醒來，跳舞時陶醉的感覺已經消失了，而自己還是原來的老

樣子。

❀ 放下內心的一切負擔

當然，工作忙碌或身心感到疲憊時，為了紓解一下情緒，聽音樂、打球、游泳、爬山、旅行等，都是正當的消遣娛樂，有調劑身心的作用，並沒有什麼不好。但這些消遣畢竟不是究竟的解決煩惱之道，無法確保永遠的快樂。修行佛法所帶來的解脫之樂，才是真正、究竟的快樂，放下內心的一切負擔，能讓我們徹底從苦的觀念、經驗中得到解脫，這和暫時的快樂感受是截然不同的。

一般人大多為了生活、賺錢而忙碌奔波，身心難免會產生疲累的感覺。如果有時間，不妨做一點義工性質的工作，以休閒的心態來奉獻，不但能轉換心情，也能體會一下既不為賺錢、也

不為生活，單純只是為了奉獻而奉獻的感受。用這種方式來幫助別人，不但能夠利益他人，也有調節自己身心的作用；不但能達成休閒調劑的目的，也能夠獲得真正的快樂。

——
選自《真正的快樂》

禪一下

把自己的福報給他人分享，
才能生息，
利息愈多，福也跟著愈大，
因此培福以後要惜福，
惜福之時要種福。
廣種福田，培福得福。

如何才能
滿足快樂？

　　爭取權利，不如奉獻權利！一般人總是在思考有了權利後要做什麼、要得到什麼、要享受什麼，朝著這個思考方向去爭取權利勢必會歷經痛苦，而且可能因此剝奪或傷害他人的權利。

　　如果能奉獻權利，則會讓人感到快樂知足；況且生存在這個世間，只要有能力、有機會奉獻，就沒有任何人能夠阻礙奉獻的權利。向外或向他人追求幸福是不可靠的，而且可能很痛苦；如果自己能創造幸福，並視奉獻為個人的權利，這樣的人即使物質生活再窮困，還是能夠享有真正的快樂與幸福。

❀ 不知道生命應該依靠什麼

法鼓山提倡的「心靈環保」，就是要從觀念上來調整。買一樣東西，如果沒有它我們會活不了，那就是需要它；如果沒有它，只是稍微有些不便利而已，那為什麼一定要買它呢？所以在觀念上，我們不要貪得無厭，而要知足惜福。

許多人把快樂建築在物質的享受或官能的刺激上，其實最大的快樂應該是生命的平安、喜悅、知足、滿足。滿足不是官能的滿足，而是心理上不覺得空虛、憂慮或無所依靠。許多人因為不知道生命應該依靠什麼，所以拚命找刺激，為了找刺激而無度地消耗。在物質上看到別人有好車、好衣、好房子，於是自己也想要，而且希望比別人的更好。

❀ 心靈不貧窮

　　如果自我價值不在於內心的平靜，而是從傲慢、自私或無依無靠的感受出發，希望從享受或物質的麻醉中得到一些滿足，那就不是健康的心理了。所以，我們要提倡心靈環保，只有心靈不貧窮，才能對環境感到滿足；心靈不貧窮，就算生活條件差一點，也能活得很快樂。

―――

選自《不一樣的環保實踐》

禪一下

所謂「心靈環保」，
是指經常保持內心的平安和寧靜，
不論遇到什麼狀況，
只要以智慧心處理事，
便不會手忙腳亂地痛苦掙扎；
只要以慈悲心對待人，
便不會愛恨交加地傷害自己又傷害他人，
也就能把危機變成好運的開始。

賺錢的福報

　　一切向錢看，這是我們這個時代的通病，一種不健康的風氣。每個人都要體認到：錢並不能代表自己的快樂、幸福、安全、健康或人格。財富多少只是一個數字，是虛幻的安全感；人真正需要的安全感，並不一定能由金錢中得到，比如：幸福、快樂、真愛、敬重。

❀ 一億人生

　　如果把人生重要的目標，定位在追求「一億人生」，那就好像是在賽狗跑道上，追逐那隻電動的兔子，它永遠跑得比賽狗快，賽狗再怎麼

努力，終會發現兔子是永遠追不上的目標，除非這場比賽停止。

但我們想想：就算賽狗真的追上了那隻電動兔子，又會如何呢？那是一隻假的兔子，又不能吃，追上了又怎麼樣呢？

人們追逐龐大的財富，追逐存款簿上的天文數字，就像賽狗追那隻電動假兔一樣好笑。你拚命工作、拚命投資、拚命理財，也許達到幾百萬或者幾千萬元，幸運的，或者真的有了「一億人生」，但是這樣的人有多少呢？他們真的都很快樂嗎？

我年輕的時候有個好朋友，他天天看邱永漢的經營、理財的書。他興致勃勃地告訴我：只要門道抓對，就可以真的賺大錢。「你做和尚，我來賺錢，未來我支助你建道場。弘法利生，包在我身上。」他這樣告訴我。

現在，四十年過去了，我已經是個老僧，他也是個年近八十的老漢了。但是，邱永漢仍然是有錢的經營家，我的朋友卻仍然沒有成為富豪，理了大半輩子的財，仍然只夠養家活口。

我最近問他：「你賺多少錢啦？」

他說：「錢找人容易，人找錢困難。錢滾錢容易，手賺錢很難。」萬事起頭難，你得先有機會，或者先有很多錢，才能夠錢生錢、錢滾錢。

❀ 不要用一生追逐電動假兔子

為什麼會這樣？因為人有福報，你是不是有能力賺錢，還得有相對的資源來配合；如果沒有，財神爺在你門口走過，你也只能乾瞪眼。與其立志賺一億，不如發願：盡一生心力，奉獻社會，救苦救難。這樣的願望，是有錢、沒錢都能

達成的，而且包管你快樂又幸福。

　　我並不是說，錢不重要，而是人要認清什麼是人生真正重要的，不要花了一生的時間，其實只在追逐一隻無關緊要的電動假兔子而已。

　　財富多少只是一個數字，是虛幻的安全感；人真正需要的安全感，並不一定能由金錢中得到。

——

選自《方外看紅塵》

禪一下

「為善者最樂，布施者有福」，
對人、對事只要有益於人，
就應竭盡所能地給予協助，
當別人的問題得到解決時，
我們也會覺得感同身受，
而得到快樂。

讓人人都有飯吃

　　許多人會選擇衣食無憂的科系，父母也希望子女選擇容易成名、發財的科系，因為自己窮了一輩子，希望兒女不要再像自己一樣一輩子不得意。但有了名位權力就會快樂嗎？

　　事實上，地位高、財富多、權勢大、有名望者，造的業往往更大；雖不一定是惡業，但對自己來說，卻是一種包袱、壓力，往往被這些東西包圍著，失去了自主的能力，失去做人的基本價值。因此，從過去到現在，許多的思想家都不鼓勵人鑽營謀利，而是鼓勵追求幸福的人生。

　　在佛教來說，要有利益眾生的心，要有救

濟眾生苦難的抱負。從小發大願心，不計較金錢與名望，才不會受名利所困，可以追求自己的潛能發揮，就算不是名利雙收，至少衣食無虞，人生沒有白過。就如同到災區服務的人，他們不會沒飯吃、不會缺衣穿的。雖然在災區工作很辛苦，但卻很有價值，不是嗎？

許多人只想到自己享福，沒有想到叫他人享福，只設法讓自己的福報更大、更多。只在乎自己的飯碗，往往讓許多人沒飯吃。這種飯碗一定不保險，因為別人也會來和你搶飯碗。如果可以讓大家都有飯吃，努力找飯給大家吃，自己也不會餓死。

——

選自《方外看紅塵》

追求的是
快樂或痛苦？

　　人們為了要消除不舒服的感覺、滿足自己身體的喜好，於是不斷地追求舒適的感受：嘴巴要吃好吃的食物，耳朵要聽好聽的聲音，眼睛要看好看的景色。本來口渴時只需要喝水就可以了，但是為了享受，講究一點的人就要喝好茶、喝各種飲料。人類的各種貪求沒有止境，都是為了保護身體的存在而產生無邊的欲望，為了滿足身體的需要，花費了太多力氣，反而製造了種種業因，有了業因就必須受報，為自己帶來許多麻煩。所以，身體就是製造痛苦的根源。

❋ 心的力量

我們都喜歡涼快、柔軟、細膩、溫暖、輕巧的感覺，但是不可能總是處在這麼舒服的環境中。俗話說：「眼不見為淨。」只要耳不聞、眼不見，就不會受到環境影響，可見我們的身體所感受到的不和諧，其實並不一定是外在環境的問題，而是和內心的妄念有關。如果我們沒有自我中心的執著，雖然有身體，也不會與外境產生矛盾，就算發生任何問題，也不會覺得很嚴重。當身心與外境發生衝突時，轉變內心的「受」才是根本的解決方式。俗話說：「心靜自然涼。」當我們覺得太熱的時候，除了少穿一點衣服，更重要的是要讓心安靜下來，不要急躁，因為內心急躁會覺得更熱。如果心不能靜，可以試著誦念佛號，念佛能夠幫助我們靜心，就不會覺得熱得很痛苦，這就是心的力量。

✽ 貪求快樂反而痛苦

　　如果不能夠調整內心的「受」，就會經常處於受苦、貪求的情境之中。貪求表面上好像是追求快樂，其實是建築在貪念之上的追求，這樣，永遠不會滿足、永遠不會快樂，反而會製造種種困擾與痛苦。

———

選自《真正的快樂》

禪 一 下	見到他人有福， 就等於自己有福； 雖然自己的能力不足， 無法為眾生提供多少福利， 但若有他人能為眾生營福， 不論是誰，不論多少， 都該心生歡喜。

怎樣才能成功？

　　人如果活在希望中，就能夠產生活力；如果活在絕望中，就很容易失去求生的意志。因此不管有沒有崇高的理想，「希望」是人人都必須有的。

❀ 求不得苦

　　多數人都有夢想、都有企圖心，不過，只有少數人能完成夢想、實現企圖，事與願違者比比皆是。有些人汲汲營營於名利的追求，然而命運捉弄人，意想不到的阻礙卻經常發生，於是便產生了「求不得苦」。佛陀曾說人生有八苦，其

中有「求不得苦」與「壞苦」；「求不得苦」很容易明白，至於「壞苦」的意思，是指即使求得自己所想要的東西之後，雖然很歡喜，卻無法永久保有它，這時就會感到煩惱痛苦。得而會失、成而會敗、起而會落，便是壞苦。

曾經，美國有位獲得高額樂透彩金的男子，當記者第二天去採訪他時，他卻開始發愁，因為突然獲得這麼大筆的財富，讓他不知所措，擔心被搶被偷，竟然在攝影機前嚎啕大哭；之後，這個人便憂鬱而死。看來，即使一夜致富大有所得的人，也未必幸福。

❀ 時空環境的因緣配合

能不能成功，可不可以心想事成，獲得自己想要的東西，這跟各人所處的時空環境等條件有關。除了自己的條件與善根福德外，還需要機

緣配合；也就是說，過去自己投入的努力及培植的善根福德，只是成功的「因」；想要獲得成功的「果」，仍需要配合時、空、人、事、物的外緣，若有外緣的配合，加上你自身屢世累積的福德為因，便能成功。例如，在需要你的機會中，你恰好出現，便能水到渠成；否則機會在你面前，你還再三猶豫，或者根本弄錯方向、緣木求魚，任憑你怎麼祈求，都是很難如願的。

事實上，在每一個時代中的大多數人，聰明才智都是差不多的，卻是有人幸，有人不幸，成功的關鍵便在於能不能遇到機緣和把握機緣了。

——
選自《人間世》

如何在職場
種福田？

從佛教的觀點，對福報有四種態度：惜福、知福、培福及種福。知足常樂，稱為知福；需要的東西夠用就好，不浪費，這是惜福；福報不足的人繼續培福；沒有福報的人努力種福。

❀ 廣種福田

福少的人，雖然自己擁有的資源少，但也能造福。布施一毛錢，隨喜一句美言、一句關愛的話、一個同情的安慰，都是在造福；所以即使在窮途末路的時候，多說感恩、感謝的話，這也是種福田；看到別人做好事心生歡喜，心裡沒有

嫉妒，也是種福田。因此，種福田不在於錢多錢少，有錢沒錢，有勢沒勢，力量大力量小，凡是能給人方便、給人無畏、給人安慰，都是在種福田。

一般人認為自己所擁有的，都是憑自己的資本、頭腦、雙手、血緣關係、社會關係，以及身分的人際關係獲得的，所以應該是自己的福報，沒有理由要和別人分享；他們認為所擁有的是憑自己本領賺的，別人沒有本領是活該。會有這樣想法的人，多半不知培福、種福，一旦福報享盡，便是無福的人，所以有「富貴不過三代」之說。

有力量的人，應該藉此來照顧他人，照顧一個也好，照顧兩個也好，除了被照顧的人會感謝你，你也會因此得到福報。

❀ 合作種福田

從另一個角度來看，從我們出生以後，不論付出的是智慧或勞力，其實都極為有限，所擁有的知能、福報，也不是自己一個人創造的，是屬於同時代中的大家所促成的，所以有福的人，應該分享給大家，而不是自己獨享，這才稱為真有福報。如果能體認到，我們所擁有的東西，其實都是社會大眾所共有的，自己是在為大眾管理財富資源，在管理階段應該要讓大家得到福利，這就是種植福田。

有些企業家被員工罵、被員工鬥，老闆們覺得員工很可惡、忘恩負義，養他們還被欺負，這其實是雙方面的問題。員工可能得寸進尺，不顧老闆的經營成本；老闆也要自我檢討，是不是對員工太過苛刻，給的福利太少。懂得經營的老闆，會厚待員工，體貼老闆的員

工，會把工作當作自己的事業。身為老闆的人必須知道，自己是替大家在做管理，要和員工同甘共苦、共患難，有了盈餘則要和員工利益同享；而員工跟經營者之間，也要有生命共同體的觀念，體認唇齒相依、血肉相連的道理。勞資雙方能同甘共苦，為整體社會做出奉獻，這就是合作來種福田的方式。

今天的社會，除了特殊地區的特殊狀況，多半的人都還沒到三餐不繼的地步；所以在知福、惜福的過程中，更要懂得培福及種福。將每月所得做妥善的分配，經營者在不影響營運的範圍內，應該要將一部分財力做為慈善公益之用；一般大眾，在不影響日常生活的原則之下，應該積極投入種福培福的活動，那就是最快樂的事了。

選自《人間世》

幸　福　禪

有錢沒錢，
都能種福

　　知福、惜福的人能夠「知足常樂」，所以就會有福；不知足的人，總是覺得自己活得很痛苦，所以就不能有福。一個人有沒有福，不在於錢財或地位，而是在於健康快樂；能夠健康快樂，就是幸福，就是有福的人。因此古代的一些賢者、聖人，他們不會以金錢、物質做為是不是幸福，或者有沒有福的標準，而是以自己身心的健康快樂及安定，來判斷個人的福報。其中所謂的健康，包括身體與心理兩方面，如果身體狀況並不是很好，但是心理很健康，那也算是健康。

✿ 能夠呼吸就是幸福

其實，人只要能夠呼吸，就是一種幸福，如果真的窮到連呼吸都沒有的時候，也就無法生存了。所以能有一口氣在，就表示說自己還是有福報，還能夠活下去，這就是真正的知福。

知福之後還要種福，有錢的拿錢去布施，有東西的拿東西去捐給需要的人，這都是種福。不論是捐錢，或者捐東西，這些都是有形的，馬上可以立竿見影。例如我們有幾套穿過的衣服，以後要穿的機會也不多，便可以拿去義賣，再把所得捐出去。對我們而言，這些本來是沒有用的東西，充其量也不過是有幾件衣服掛在那裡，只是心裡上的滿足而已，實際上用途不大，倒不如捐出去義賣，做慈善事業，還來得有意義一些，這就是種福。

即使自己沒有錢、沒有東西，沒有什麼好

布施的，也能種福。例如有位老太太要過馬路，你好心地攙扶她過去，讓她避開危險，使得她有安全感，這就是做好事、日行一善，也算是種福結人緣。

與人結緣的方法相當多，看到他人愁眉苦臉，一副不想活的樣子，你慰問他幾句，這也是結人緣，也是種了福，或許你還因此救了他一命，這不是很好嗎？所以說，隨時隨地都可能結緣、種福。

如果是一個自私的人，對於所有的人都漠不關心，乃至於家人有了任何困難苦厄，也都不理睬，這就是不種福的人。其實種福最要緊的，是要從家裡最親近的人開始，像是女兒、兒子、丈夫或妻子，或是其他的家人。當他們需要你時，就應該多為他們服務，讓他們得到幸福，感覺到安全、快樂、健康，所以說丈夫的健康，就

是妻子的幸福。再者，如果能花多一點時間照顧孩子，孩子乖巧聰明，也是父母的福報，這就是自己種福，而自己種福就會有福。但是有的孩子天生個性就很難管教，花再多的時間照顧，對他再怎麼好，還是不聽話，即使如此，還是要盡你的心、盡你的力去照顧他，這一份盡心盡力的照顧，也就是種福。

❋ 種福要運用智慧

種福並不是一味地對人好就可以了，還需要運用智慧，講究方法。有時你認為自己是在種福，是在和對方結緣，結果卻干擾到對方，造成了困擾，使他感到很不舒服，甚至很痛苦，這就不甚妥當，你自己也不會快樂。因此種福要把握「讓他人健康快樂，讓自己也覺得健康快樂」的原則，因為要讓人有福，一定要能讓人快樂健

康，假設結果不是如此的話，那就不是種福了。
健康快樂，就是有福，所以幫助自己，也幫助別
人健康快樂，我們就是在種福。

——

選自《安和豐富》

禪一下｜對於名、利、權、勢、位，
不必排斥，
但卻不能僅是為了
名、利、權、勢、位的追求而生活。
生活的目的應該是平安快樂，
生命的價值應該是自安安人。

25
CHAPTER

什麼都有，
獨缺快樂

有一次一位居士要介紹一位女士來見我，說她有名有錢有地位、有公有婆有父母、有兒有女有丈夫，什麼都有，就是沒有快樂，所以希望我能指點她幾句話。見了面，我問她，要我告訴她什麼？她說她已不少什麼，只是感到缺少一些自由，也好像一輩子都在為他人而活，所以不覺得有什麼幸福。

❋ 太在乎自己

我告訴她：「妳不是沒有自由，也不是沒有幸福，只是少了一點智慧，缺了一些慈悲。也

幸　福　禪

許最近太累了，妳需要休息幾天吧！」

　　我告訴她，智慧與煩惱相對，不快樂是因為太在乎自己的存在，也太在乎周遭環境的存在，這是很累人的。慈悲與怨瞋相對，不幸福是因為自己不想付出太多，相反地，他人卻還嫌你付出太少，這是很煩人的。

❁ 心甘情願地奉獻

　　如果你有智慧，就知道一切世間的事物，起起滅滅、來來去去，都是暫時有而本來空，何必那樣地在乎自己、在乎他人。如果你有慈悲，就不會計較付出的多少，不會在乎他人的反應如何，只是為了愛護環境、照顧他人，而做奉獻。有智慧者能夠放得下，因為一切本來就是空的；有慈悲者能夠提得起，因為有世間就有業，多造善業，多結善緣，正是菩薩的心懷。

如果既有智慧又有慈悲，就會發現你是天天都在自由自在地生活，天天都在心甘情願地奉獻，當然不會累也不覺得煩了，連休息幾天也用不著了。

——
選自《智慧一〇〇》

禪一下	心的觀念如果健康、光明的話， 這個人一定是快樂的； 如果心的想法悲觀， 那前途一定是黑暗的； 如果心裡都是感恩的想法， 那一定過得非常有意義， 而且願意奉獻。

如何和喜自在？

　　法鼓山有一年以「和喜自在」做為當年的主題，我發現多數的人只是把它當作吉祥話，或是一個標語，貼在自己家裡或門上，好像只要貼在那裡，就能夠和喜自在了。但只是這樣貼著，有用嗎？人際間不和時看一看、不歡喜時看一看、感到不自在時，再看一看，那就真的「和」了嗎？

🌸 和喜自在不是標語

　　「和喜自在」不是標語，如果你不願意改變自己的心態，包容他人，那無論貼或不貼，或

貼的是什麼，都沒有辦法做到「和」。

「和」所強調的是，與任何人互動時，都要和顏悅色，然而它並不等於放縱、不要求品質。簡單地說，和顏悅色就是能夠放下身段拜託別人，若是對方拒絕，我們還是應該說「拜託、拜託」。該要求品質時還是要要求，只是當我們提出要求時，要和顏悅色，沒有必要怒目相向、大聲說話。

還有一點要特別注意的是：有些事面對面時經常說不出口，因為恐怕對方生氣，所以最後乾脆就不說了，這可說是我們華人社會常見的一種情況，也可說是多半華人的習性。明明有人在你面前放肆，明明他做了我們不許可的事，但是為了不傷和氣，只有睜一隻眼、閉一隻眼。這就是孔子所講的「鄉愿」。

譬如有人在辦公室裡偷偷地抽菸，大家不

好意思當面指正，卻在他背後嘀嘀咕咕地批評，到最後，可能有人會想，反正都有人抽菸，那我們也可以抽，而這樣就糟糕了。遇到這種情形，我們應該進行勸說，不要擔心這樣會得罪人，因為這是在幫助對方改進。相反地，如果不當面勸說，反而在背後討論，也會影響到其他人，讓人生氣、煩惱。而他今天抽一根，沒有人勸阻，到後來愈抽愈多，這就很糟糕了，加上若有人起而效尤，那就更不好了。所以一旦看到了有人做出不許可的事，還是要善意地溝通。

❀ 不傷和氣

我在這裡只是舉抽菸為例，其他事情也應該舉一反三。譬如，有些人在辦公室說話，大聲扯著喉嚨用喊的，叫來叫去像是在菜市場裡賣菜，如果有這類的狀況發生，那就要提醒他們，請他

們聲音小一點。但是在溝通的時候，要先向對方打個招呼，然後再做溝通，根本不需要吵架，也不會得罪人。相反地，如果你也指著人大叫，這樣就傷和氣，就是你不和了。

大家只要能在工作中發揮和喜自在的精神，如此一來，和喜自在就不會成為一個口號罷了，而能夠真正的提昇人品。人品提昇了，你自己就能夠心和、口和、人和、我和，工作得很快樂、很健康。

選自《帶著禪心去上班》

禪一下	和是和樂、和平、和諧； 喜是法喜充滿、禪悅為食， 對內自在、對外自在， 在任何情況下都能自在。

27
CHAPTER

如何忙得快樂
也累得歡喜？

佛經裡有這麼一個偈子：「是日已過，命亦隨減，如少水魚，斯有何樂？」譯成白話就是：「今天一天又過去了，我們的生命也隨著減少，就像是魚在淺水池塘裡，隨時隨地都準備面對死亡，還有什麼好快樂的？」正因為生命是如此有限，就是想多活一點也由不得自己，因此才要好好地運用，不斷地充實我們的智慧、充實我們的福德。

❀ 忙是為自己忙

佛教徒相信這一生是從過去生來的，而且

這一生結束之後，還有未來的生命。我們這一生已經夠麻煩、夠辛苦的，既然好不容易生而為人，那麼就應該善加把握，多做功德，儲蓄智慧和福德的財產，以求未來會比現在更好。

這就好像告訴我們，要趁年輕的時候，努力工作，多賺錢多儲蓄，才能有養老的本錢，老本愈多，年老的時候就愈有保障。所以，我們必須充分利用時間，奉獻自己、幫助他人、服務他人、照顧他人、關懷社會。我常說：「忙人時間最多，勤勞健康最好。」忙碌的人因為珍惜時間，就會善用時間，反而會有時間。一個勤勞的人，身體健康一定良好。若希望自己活得健康快樂，就應該忙，希望在人生過程中，多儲蓄福德和智慧，更需要忙。

❀ 忙得快樂，累得歡喜

　　雖然有時看起來好像不是為了自己而忙，所謂「為誰辛苦，為誰忙」，乍看好像忙得很冤枉、很不值得，彷彿是白忙一場。以佛教的觀念來說，這種想法並不正確，我們的觀念是：忙是為自己忙。即使你的這一生在他人眼中看來什麼也沒得到，但還是得到了功德，這是智慧以及福德的功德，在忙於工作的過程中，本身也得到了成長，絕非毫無價值。

　　有了這種觀念，忙碌的人會忙得很快樂、累得很歡喜，就像是種田的農夫，感謝有田地可種，工作的人也會感恩有這個機會、這種因緣讓他忙、讓他累。

——
選自《工作好修行》

28

用感恩的心
消除怨恨

　　有一句話說「恩將仇報」，一般人往往記怨不記恩，能夠記住的恩情總是比怨恨來得少，就如俗諺所說：「人心不足蛇吞象。」別人對你好一點，你會希望他能對你更好一些；或是別人已經借你錢，卻還覺得不夠多，反過來嫌別人小氣。

❀ 不感恩永遠不會滿足

　　如果有這種想法，便是不知感恩圖報的人，只希望別人付出，不想回饋，而且還貪求無厭。不僅怨恨不給自己好處的人，甚至也會怨恨幫助

過自己的人，而不知道感恩。這種心態多半認為，別人對你的照顧是應該的，所以父母、兄弟姊妹對你好也是理所當然的，甚至認為別人幫助你可以得到快樂，所以他們對你好也是正常的。以至於一旦別人的態度稍微不好，就心生怨恨。

　　一個不懂感恩的人，對世界上任何人、任何事都會怨恨。晴天時他會埋怨：「太陽這麼大，是不是要熱死我，為什麼不是雨天呢？」雨天時則又發牢騷：「這麼冷，怎麼不出太陽呢？」即使四季如春，還是會埋怨節氣不分明。這種人對天氣、對環境、對人都不滿意，在這個世界上，好像沒有一個人、一件事是他需要感激的，總是處在怨恨的情緒之中。

　　所以，忘恩負義的人永遠不會滿足，永遠都在怨恨別人。因此，我們應該盡量避免怨恨心生起；怨恨心生起以後，也要想方法予以化解，

才不會影響內心的平靜。

✺ 感恩就會快樂

消除怨恨最佳的方法，就是多從感恩的角度來看人和事。人不可能離開萬物獨自生存，因此生活在天地之間，包括吃一口飯、喝一口水，甚至於呼吸一口空氣，都要感恩。能夠如此，怨恨心就會減少，甚至於冰消瓦解。

一個人滿不滿足、快不快樂，並不在於他擁有多少，或是別人如何對待他，關鍵在於自己心裡的感覺，以及看待事情的角度。佛經說：「心生，則種種法生；心滅，則種種法滅。」世間萬法都是由心念所產生的，如果我們能感恩、知足，生活就會滿足。即使已經一無所有，但如果對喝一口水、吃一口飯，甚至呼吸一口空氣，都覺得滿意，認為應該感謝的話，便能天天都活

在快樂的世界裡了。

——

選自《從心溝通》

| 禪一下 | 對所有的一切眾生，
都抱著感恩的心；
能有這種感恩心時，就會感覺到，
自己實在太有福氣、太幸運了。 |

29
CHAPTER

化自私的欲望
為奉獻的願望

　　為了化解求而不得所帶來的痛苦，佛教教導我們要少欲知足、清心寡欲，才不會受到本能及欲望的干擾，而走上毀滅之路。所謂「少欲」，就是指對基本生活所需之外的東西，不做非分之想。 如果基本的生活所需已經齊備了，就滿足於現狀，不再做過分的貪求，就是「知足」。

　　例如，我們本來只要有一棟房子就夠住了，但是有些人為了炫耀財富，就買了好幾棟房子來表現自己非常有錢。而保暖的衣服，只要有兩三套以備換洗就夠穿了，但是有些人卻擁有幾十套，甚至一整個衣帽間，從上到下都塞滿了衣

服，這都是因為不懂得知足。

✽ 清淨的願心

像這樣為了滿足一己私欲的貪求，而過分追求個人的享受，就叫作「欲望」。欲望是自私的，會為我們帶來煩惱，甚至帶來殺身之禍。可是，如果是為了眾人的利益而努力、為了眾人的福利而奉獻，就不叫作「欲」，而稱為「願」。願心是為眾人而發的，是清淨的，不會帶來煩惱的。例如，發願透過自己的努力奉獻，使眾人得到快樂、幸福和便利，就是清淨的願心。

因此，少欲知足並不是什麼事都不做、不努力、不爭取，也不是失去任何希望。否則，便會誤以為行菩薩道和成佛也是一種欲望，於是就不行菩薩道、也不想成佛了。這種觀念並不合乎佛法的精神，行菩薩道與成佛並不是「欲」，而

是「願」，而且是許下了很大的悲願。

❀ 為眾人服務

　　所謂「知足者常樂，少欲者離苦」，我們不但自己要做到少欲知足，以避免「求不得」所帶來的痛苦，還要進一步為眾人設想，把自己的努力奉獻給眾人、為眾人服務，使眾人都能夠遠離痛苦，得到真正的快樂。

———

選自《真正的快樂》

禪一下	能少欲知足就能平安無事、快樂自在， 但少欲不是不要任何東西， 需要的還是要，當做的還是得做， 對自己要少欲要知足， 對眾生要奉獻要布施， 這才是努力的重點。

日日是好日

　　一個人修行到相當的程度時，其身心狀況是如何呢？可用「日日是好日」來形容。我們平常人在一星期中，情緒大概三天下雨，二天颱風，另外二天則是晴時多雲。日日是好日，怎麼可能？這句話是雲門禪師問他的弟子：「十五日以前的事不問你們，請把十五日以後的情況告訴我。」弟子們無一個人能回答他，結果他自己回答說：「日日是好日。」

❀ 天天是好天

　　我們平常見面的時候都會問一句：「你好

嗎？」「近來好嗎？」這是問候的習慣語，關心著彼此是不是每天都過得很好？但是，真有可能每天都很好嗎？傷風、感冒都沒有嗎？不會頭痛或走路不小心碰到石頭嗎？搬東西時從來不會去掉一塊皮嗎？應該會有，那既然有，怎麼可能天天是好天呢？

　　我曾經遇到一位四十多歲的法師，有一次我看到他劈柴的時候，劈到了手指，血流了很多。我就問他：「你要緊嗎？」他說：「很好，很好。」我說：「你已經砍掉一半手指了怎麼還好啊？要不要幫忙？」他說：「很好，我在消業，可能我過去殺了一條豬或一頭牛，現在砍了半根手指消業，以後就沒有事了。」

✿ 保持平常心

　　遇到災難算不算好日呢？當然是了。因為

身體雖受了苦，或受人家批評、攻擊，但只要心裡面的狀態天天是正常的、平靜的，不就是日日是好日嗎？

——

選自《禪與悟》

| 禪
一
下 | 時時是好時，
分分是好分，
秒秒是好秒。
無一剎那不是好時光。 |

31
CHAPTER

有利他人的
就是好工作

　　佛法講「正命」，所謂正命是指正當的工作、正當的職業。正當的職業必須符合幾項基本條件：第一，不可對人、對眾生不利。也就是不能傷害他們的生命、利益和財產，也不能損害他人的人格、品德和名譽。這是合乎正命最基本的要求。

　　第二，必須對自己和他人都有利益，也就是能夠自利利他。現在許多企業家，甚至於一般做小生意的人，都能有這樣的商業道德，因為他們都了解，如果心胸太狹小，只求自惠自利，不管其他人是否得到利益，生意是做不大的。像有些

廣告為了促銷，賺取個人利益，不斷地宣傳對顧客的優惠，誇大顧客的利益，說得天花亂墜，結果卻是假話連篇，就不符合正命的條件。所以，要真正地考慮到對顧客的利益，才算是正命。

第三，不考慮自己的利益，只考慮是否對眾生有利益，雖然自己在健康上、財產上都可能有點損害，但是為了利益眾生，仍然願意把自己的生命、財產奉獻給社會、奉獻給全世界、奉獻給一切的眾生，這叫作菩薩業，是大菩薩的行為，當然是正命。

❀ 選擇職業

所以，不管是三百六十行，或是三千六百行、三萬六千行，行行都可以成為正命，就看你存心如何？方法及目的如何？有些人誤以為做一個佛教徒好辛苦，在選擇職業的時候限制比一般

人多。其實並非如此，佛教徒能做的工作太多了，只要避免會傷害眾生的職業，其他的全部都能做。傷害人、傷害眾生的職業其實不多，而不傷害眾生、不傷害人的職業卻相當地多，所以選擇的空間還是很寬廣的。

就業時另外還有一些考量：譬如工作中的人、事關係能否勝任？自己的志趣如何？因緣是不是允許這樣的選擇？

有的人非常天真，認為選了一個對自己有益的職業以後，對他人也一定有益，但這卻不一定，因為你的職業可能會讓其他人蒙受損失，因此對職業的選擇還是需要小心。現在報紙上刊登的徵人啟事，你必須要先確切了解工作的真實屬性，然後再做決定。

✺ 職業沒有貴賤

　　我們常說職業沒有貴賤，從佛法來看職業確實如此，職業只有職務的大小，沒有貴賤高低的差別，凡用自己的手、自己的頭腦去工作，任何人的人格都是平等的，職業當然也是平等的。只不過有的人能力比較強，所以職位比較高一點；有的人能力比較差或是福報比較不夠，職位因而差一些、低一點。但是職位低並不等於人格低，也並不等於就是不好，只要我們存著正念行正命，對人對己都是有利的。

——

選自《工作好修行》

禪
一
下

不需要去計較自己付出多少，
只要自己奉獻得愉快，
也覺得幸福，
就足夠了。

奉獻工作
也是菩薩精神

　　俗話說「開門七件事」，人沒有錢不能生活，工作所得的薪水可以維持生活所需，而工作本身因此就有了意義。仔細想想，倦怠的問題不在於工作本身，而是工作時與他人接觸過程中所帶來的困擾。過去的農村社會，環境相當單純，日出而作、日落而息，在田裡工作所接觸到的不外是草地、泥土，以及自己所畜養的動物、耕種的植物，而不是形形色色的人。現在的工商社會，不管從事什麼工作，上有上司、下有部屬、左右有同事，遇到的都是人；即使是沒有頂頭上司的老闆，也要與客戶或政府部門互相往來。正

因為人際關係複雜，所以許多人都覺得生活在現代是一件很痛苦的事，不禁羨慕起古人，只要天天種田就好了，不需要面對這麼多令人頭疼的問題。

✺ 立場不同

　　人和人之間的相處會有問題，是因為每個人的想法、立場不同，層次也不一樣，所以難免會有衝突、會起摩擦。你可曾想過，對方帶給你麻煩的同時，也許你也給了對方麻煩；對方為你製造困擾時，你也同樣帶給對方困擾；你覺得無奈，對方也會覺得無奈！這樣不是非常公平合理嗎？無論從事什麼工作，都是在貢獻一己之力，參與這個社會的運作，不僅僅是為了領薪水、換取溫飽而已，人人都是在這種情況下生活的。只要仔細觀察就不難發現，我們每天吃飯、穿衣、

睡覺、走路，一切的生活資源，都是靠各行各業許許多多的人分工合作，才能確保供應無虞，也是因為這些人的辛勤工作，我們才能擁有並維持今天的生活環境和條件。

因此，在一個互助合作的社會中，沒有人能單獨依靠自己的力量生活，不管拿不拿薪水，只要有一個人不工作，這個人就會成為他人的累贅，為別人製造負擔。在人類社會的合作關係之中，我們自己就是一個組成因素、提供一分力量，所以一個人如果放棄工作，整天無所事事，便是逃避了他的社會責任。

✿ 功德銀行

在工作團隊中，有些人智慧高，能力、技術都在水準以上，但是卻和其他人拿一樣的薪水。表面上看，他付出的多卻得到的少，似乎並不公

平，可是換個角度想，施比受多正是在造福人群，和其他人結緣。有能力結人緣，奉獻一己之力，不就是菩薩精神嗎？所以，改變思考方向，心裡也就釋然了。如果不想做菩薩也沒有關係，多做一份工作，就多一分奉獻，你在天國、淨土的功德銀行裡，就多了一分儲蓄，存得愈多，福德、福報就愈大，這也是一種工作的所得。

因此，人在社會上，應該要不斷成長，增進自己的能力，再以所知、所能，盡一己之力來為社會服務，這就是工作的意義所在。只要有機會能讓我們奉獻，我們都應該感到高興。建立服務的觀念，可以幫助我們避免對職業產生厭倦感，也不再無奈；如此一來，相信每天都能工作愉快。

――
選自《工作好修行》

忙是一種幸福

　　生活的節奏太快不一定是壞事，但生活得太舒服也不一定是好事。

✿ 老本不能保障幸福

　　許多人拚命賺錢，為的是「養兒防老，積穀防饑」，希望辛苦努力賺錢之後，晚年就可以享受安定的生活；似乎工作的目的，只為了讓自己的生活得到安定的保障。

　　因此很多人都說，老的時候最重要的是要有「老本」。但是很多人為了老本，老夫妻兩個人會吵架，和兒女、兄弟、朋友之間也會爭吵，

結果老本反而變成了一個不安全的東西。

基於安全的保障，對國家來說，要藏富於民；對個人而言，則不妨將努力的成果儲藏於社會、眾人之中，把自己的安全寄放在社會上，那才是最可靠、最安全的。

若只希望自己安全、兒孫安全，十代、百代、千代以後還有得吃、有得穿、有得住，這想法不但不可靠，反而會害了兒孫。當然，首先你自己要創造財富、增加財富，然後你的家人、團體、社會，都會因你的努力而得到幸福。

❋ 勤勞的人生活健康

人是應該工作，但工作不等於人生，人生也不僅是為了物質的富裕而工作，更不僅是為了滿足物欲的享受而勤勞地工作，乃是為了健康的身心以及感恩的奉獻而工作。

一個勤勞的人，通常是健康的，勤勞的人，身體即使不好，也會懂得照顧自己；勤勞的人，也不會寂寞。所以我鼓勵年紀大的人，雖不一定是為了錢，也要有事做，否則便是一種不健康的生活方式。

　　勤勞努力除了讓身體健康、心裡平安，多半也會得到物質的報酬，但是有了物質的報酬，必須節制地使用，否則為了享受物欲，對身心又會產生不健康的行為。

　　換句話說，勤勞工作的同時還應該要儉樸，所以「勤勞」、「節儉」這兩個原則是身體健康的祕訣。而且儉樸的結果，便會擁有很多福利，可以提供給他人，到那時候你將會是一個人人都喜歡、人人都讚歎的人。

　　通常我們忙的時候都會很累，累的時候就會覺得很煩，其實能夠忙也是一種幸福。或許有

人會認為，忙人的時間一定很少，其實忙人的時間是比較多的，因為他會珍惜時間、安排時間、爭取時間，抽出時間來，做他應該做而且想要做的事。

——
選自《平安的人間》

禪一下	要盡其可能地做利他的事， 要一點半點地做好事。 力量大就做多，力量小就做少。 不要以為人輕言微， 或抱持與其少做不如不做的念頭， 好事就是好事，不應有大小之分。

幸福儲蓄

　　很多人都知道，把錢放在自己家裡並不保
險，因為可能會被小偷偷走，也可能被一把火燒
了。所以，有人把錢拿去投資置產，或是把錢存
在銀行裡；但是投資可能會蝕本，銀行也難保不
會倒債。

✿ 儲蓄在所有人的幸福中

　　究竟要怎麼樣才是最保險的呢？最好的辦
法，是把財產儲蓄在所有人的幸福中，那才是最
究竟、最可靠的儲蓄。所謂「儲蓄在所有人的幸
福中」，就是提供我們有形、無形的財產，包括

智慧的財產、體能的財產、時間的財產，為眾人謀福利，幫助其他人獲得利益，這不但水火不能破壞，小偷偷不走，強盜也搶不去，連政府抽稅也抽不到，為什麼？因為財產都釋放給大眾了。這種情形的我，就是功德的我，你付出多少，你的功德就有多少。功德的我是不為自己的私利而傷害他人，而會盡量充實自己的生命，努力於學習，然後把自己所擁有的奉獻給他人。

✿ 功德的我

或許有人會認為這個人好笨、這樣做太傻，自己的錢不用，給人家用；自己的福報不享，給人家享受；自己有時間不好好玩樂，還去做義工奉獻給別人。其實在奉獻的過程之中，自己的收穫反而更大，成長反而更多，這樣的過程雖然也有一個「我」，但卻是「功德的我」。

功德的我是以還願和許願的心主動付出，所以一點也不覺得苦，反而會覺得非常快樂，也因為懂得感恩、奉獻，更覺得所有的努力都是值得的，為什麼值得？因為做了對人有利的好事，生活有意義，生命價值就這樣呈現出來了。

———

選自《找回自己》

| 禪一下 | 我們活在世上，誰都能做好人，誰都是該做善事的，不論是體力的強弱、心力的大小、智力的高低、財力的貧富、權力的有無、地位的貴賤，都當盡心盡力地修善積福。 |

快樂就是好運

有一位老人家看了我的傳記後很受感動，於是來看我。他第一句話說：「法師，你小時候命比較不好，現在你的命比較好。」我則回答：「小時候是歹命的小孩，現在是歹命的老人。」從他的角度看，好像我小時候不好，現在就好了。但從我的角度來看，小時候我並不覺得苦。

❀ 好運與壞運存乎一心

一般人認知的好運是妻賢子孝、富貴夫賢，或是陞官發財、平步青雲、一帆風順；若是遇到一些挫折、阻礙或打擊，就覺得運不好。事實

上，「運」是主觀的認定，不是客觀的標準，就如俗語所說，「塞翁失馬，焉知非福」和「失之東隅，收之桑榆」。又如老子，是從逆向來看待事情，例如當人爬到頂點的時候，反而不利；有時在谷底的時候，反而是最安全的。這是中國人的哲學，但一般人認為有錢有勢是好運，一窮二白是壞運，其實不一定。

我曾在紐約街頭遇到一位流浪漢，在垃圾桶撿拾被丟棄的麵包，而且吃得津津有味。他認為這樣的生活最快樂、最自由。所以，究竟這是好運，還是壞運？我覺得完全存乎一心，自己覺得很快樂、很自在、很安定、很安全，就是好運。

許多人都希望極樂世界會出現，但這需要大家共同努力，極樂世界才會出現。人間淨土只是一個觀念中的淨土，在現實人間是不可能出現

的，因為每一個人都有七情六欲，不可能那麼清淨。

但如果我們有這個心願，並朝著這個目標去思考、努力、實踐，從少數人的努力變成多數人的努力，就會更接近我們的目標。

對一個家庭來說，也是相同的道理。個人可以「存乎一心」，覺得是好運，但家中的其他成員覺得沒有飯吃、沒衣服穿，覺得很痛苦，那就不一定是好運；若家中每個人都充滿希望、樂觀，努力奮鬥，那這個家庭的氣氛，雖然窮卻很有朝氣。

我記得剛到臺灣時，物質很拮据，但大家很有朝氣，有一股希望。因此，我們要轉運，應先從個人觀念的轉變開始，並形塑成一種風氣；當風氣形成之後，整個社會的觀念自然會轉變。

❀ 說好話、做好事、轉好運

我曾經在非常艱困的狀況下，全身動彈不得。那時候，我形容自己是一個被五花大綁之後，還能夠打太極拳的人；意即在動彈不得的狀況下，我的心還在運動。在這樣的狀態下，外在的環境雖然已經使我的困境達到極點，可是我的心不受影響，還是好運。我把自己的心轉過來，我的運也就轉過來。

最後我祝福大家，並希望大家要將「說好話、做好事、轉好運」付諸行動。從「自我」做起，如此做好事不忘了「我」，說好話不要忘掉自己，就能靠自己來轉好運。

———
選自《不一樣的環保實踐》

36

CHAPTER

從現在開始種福

　　不要老是想到自己的前途。過去曾有法師問我：「師父，我們將來的前途是什麼？」我小時候福報不如你們，不知道問師父我的前途如何；到了第二次出家，我也不敢問我的師父東初老人，只是覺得能讓我做和尚就很滿意了。至於未來，就一步一步地走下去，我只想把現在做好，未來是因緣。

　　幾個月前，我為了準備座談會，看了一部小說《笑傲江湖》，男主角令狐沖因為師妹移情別戀，心中非常痛苦。當時他去見日月神教的教主，這教主就跟他講：「你將來會有另外的因

緣，不要老是回頭看，繼續為過去的因緣痛苦，而要向未來看。」佛法講「因緣福報」、「因緣福德」，如果你過去有福有德，那麼你現在就能有好的因緣；如果過去沒有種好的福德，那麼你現在的因緣就會比較辛苦一些，沒有那麼順利。所以你現在要多種一些福德，未來你的因緣也會成熟。

✤ 服務奉獻種福培德

譬如過去有一位高僧，因為沒有供養、也沒有信徒，心中非常苦惱，他就問另一位老和尚：「像我這樣沒有人供養的人，將來不知道該怎麼辦？」這位老和尚就告訴他：「這樣好了，春夏交替的時候，你就脫了衣服到草叢裡打坐，如果有什麼蚊蟲叮你，就讓牠叮，因為你也沒有什麼東西可以布施、又不會說法，那就布施血好

了。」

　　他聽了老和尚的話之後，就脫了衣服跑到草叢中打坐，而且還對來叮他的蚊蟲授三皈依：「你們要皈依佛、皈依法、皈依僧，我結你們的緣，將來你們要學佛、要做三寶弟子。」結果，這個人到了六十幾歲以後信徒很多，而且都是年輕人。

❋ 多為人服務

　　而我這個人過去沒種過什麼福德，也是一個沒有什麼福報的人。我的師父（編案：東初老和尚），也就是你們的師公，他老人家每次都跟我講：「聖嚴，你有一些小聰明，但是你沒有福報，你要多結人緣呀！」我說：「我沒有什麼東西好跟人結緣的。」他說：「你要多為人服務，像某某法師他的福報很大，因緣很具足，你要跟

他學，多修福。」

　　那時候我並不知道自己什麼時候才能做到，但我還是發了一個願，要盡我的能力把所知道的佛法奉獻給他人。不過，我不會一見到人就要為他說法、就要他來當我的徒弟，我沒這個勇氣。我只能做到當人家來問我佛法時，盡我所知的告訴他。

——

選自《法鼓家風》

禪
一
下

有漏之福易漏失，
無漏之福難修得，
稍有福時不惜福，
福盡修福已嫌遲。

37

工作如何
離苦得樂？

苦與樂的差別主要取決於心中主觀的感受，並不在於身體的感受或外在的事件。例如，我出生在一個窮鄉僻壤的地方，而且又是兵荒馬亂的時代，吃不好、穿不好，可是因為我一出生後的環境就是如此，所以並不以為苦。但是現在回想起來，發現那段期間真的很辛苦。不過，即使再苦的日子也還是度過了。所以，只要我們主觀的觀念不要判斷、計較，就不會覺得苦了。

❀ 值得辛苦

以工作時的心態為例，如果對自己的工作

有一份責任感和使命感，做起事來一定也能甘之如飴。反過來說，如果你老是認為自己被分派了很倒楣的任務、待遇很不合理，結果就像被人用槍強押著工作一樣，心不甘、情不願，又還是非得面對不可，而處於恐懼和痛苦之中。

但是，你如果能反過來想：「既然這個工作我能做，我也願意做，那就好好地做吧！說不定我的努力真能幫助人們得到平安、幸福，那麼辛苦也就很值得了。」如果真能這樣想，當你努力工作時，雖然比任何人都辛苦，早出晚歸、刻苦耐勞，還要挨罵、接受抱怨，你也不會覺得疲累。因為你能體諒那些罵你、不願意幫忙的人，他們不知道工作的重要性，但是你知道的比他們更清楚，所以你應該多付出、幫他們的忙。至於他們是不是罵你、怨你或是感謝你，都沒有關係，只要他們快樂就好。

幸　福　禪

❀ 歡喜接受，離苦得樂

由此可見，內心的苦與樂，往往不是來自於物質條件的富足或是身體的健康。有些人雖然生活條件很貧窮、身體不健康，卻活得很快樂；而有些人即使很富有、身體也很健康，卻活得很痛苦。所以，痛苦實際上是一種內心的感受與狀態，如果你的心態是痛苦的，那麼無論處在任何情況下都是痛苦的。有些人以為上天堂之後就沒有煩惱和痛苦了，其實，如果你心中的煩惱很多，即使上了天堂也等於在地獄；反之，如果你心中一點煩惱也沒有，就算你在地獄裡，也等於在天堂。

既然苦與樂都是內心的感受，那麼我們也可以藉由轉變觀念來轉變感受。例如孕婦懷孕時，不知道生下來的孩子，會是男孩或女孩？長相美或醜？其實，男、女、美、醜的好壞都是很

主觀的，先入為主的判斷對孩子而言一點都不公平。如果能告訴自己：「反正無論男、女、美、醜，都是我的孩子。」等到孩子出生後，就不會有任何抱怨了。

同樣地，對於已經盡心盡力完成的事，不論它的結果究竟如何，都不需要太在意。如果結果很好，那當然很好；如果不好，也不必難過，因為自己已經盡力了。如果能永遠都看到事物光明的一面，無論發生了任何事，你都會認為這件事對你是有助益的，而歡喜地接受它，就能離苦得樂了。

——
選自《真正的快樂》

幸福在哪裡？

「終日尋春不見春」出自一首禪詩，相傳為唐朝無盡藏比丘尼所作。

禪宗看起來很玄。尋春怎麼會找不到呢？春天的郊野，到處是春意。風是春天的風，水是春天的水，草木花朵都是春。人的臉孔帶著春天的喜悅，百鳥唱出春天的歌曲，曲中盡是春天的感情。要尋春根本不難！

此處是一個比喻。已經身在春天之中，而且四季常春，你還要找春天？到哪兒去找呢？也就是說，若只知道春天這個名詞而不知道春天是什麼，即使身在春天也不認識春，無怪乎永遠找

不到春天了。詩句的本意是不要去追求智慧；當你一無所求，那就是智慧，心中若有所求、有所尋覓，就是一種牽掛，即使找到了也不可靠。

❀ 心中知足就有幸福

春天是什麼？鳥語花香山明水秀是春天，可是，它會永遠存在嗎？不能！它瞬息萬變。當你感受到有那個東西，有一個永遠不變的春，春天就即刻離開了。也就是說，如果心有所執著，即使你真正見到春天，也會失去它。換個角度看，許多人追求幸福美滿。什麼叫幸福？什麼叫美滿？心中知足就有幸福，待人懇切就是美滿。如果向他人要求幸福，向環境追求美滿，那永遠找不到。他人給的幸福你不會滿足的。如果只得到一點點，你希望得到更多；別人不讓你得到，你會無比痛苦；一旦得到了，又擔心失去。所

以，對幸福的需求，永遠不可能真正滿足，因為那是別人給你的。如果心中有一個觀念：「得多得少都知足。能得多少就得多少，不能得到也就罷了。不是不要，但如果要不到，何必一定要？而即使得到，也可能會失去，何必擔心？能不失去最好，如果非失去不可，擔心也沒有用。」這麼一想，就會經常感覺在幸福之中。

❀ 於心無愧

人與人之間相處，如果自己要求的少而付出的多，不但自己對自己會滿意，他人也會有若干回饋，這就是美滿。即使付出很多而未得到任何回饋，也會覺得美滿，因為於心無愧。用這種心態來對待家庭、朋友、社會，則可以時時刻刻都在幸福和美滿之中。如果不能實踐這種生活體驗，那的確是尋春不見春，縱然身在春天也看不

到春天。

—
選自選自《公案一○○》

「以利人為利己，
以助人來自助。」
凡是有人需要我們幫助，
而自己也正有此能力，
便要盡力而為。

幸　福　禪

真正大好年

　　也許我是生就了一付勞碌命的賤骨頭，每逢忙碌異常的時候，雖會感到疲累，但總不致累得躺下，縱然抱病工作，也無法因病請假，事實上我也不知道向誰去請假；反而是當我忙過之後，如果休息一下，就會覺得病況更重。

❀ 一日不做，一日不食

　　因此我要以「忙人時間最多，勤勞健康最好」的兩句話來自勉勉人。至此我也能夠體會到百丈懷海大師為什麼活到九十多歲時，還要堅持「一日不做，一日不食」的勞動觀念了。

我也一向認為：「培福的人有福，享福的人損福。」成佛之道的菩提資糧，就是摩訶般若波羅蜜多，就是大智慧度，就是莊嚴國土，就是成熟眾生；能助國土清淨，能助眾生離苦，便是悲智雙運、福慧兼修，便是我們三寶弟子的本分中事。我在這已經過了七十歲的兩年之間，還能有許多人讓我忙著奉獻，還能有許多事教我學習成長，對我而言，豈不是真正大好年嗎？我在過去的兩年之間，發生在身邊的人和事還真不少，不論是給我折磨、給我榮譽，讓我忙碌、讓我風光，使我哀傷、使我歡笑，活得卻是非常踏實。

✾ 慈悲沒有敵人，智慧不起煩惱

像我們這樣一個非營利事業的大團體，僧團有人有事，外護有人有事，與國內外的大環境互動，也有人和事。如果不是我已學佛數十年，

會經常勉勵自己「要以慈悲對待人，要以智慧處理事」、「慈悲沒有敵人，智慧不起煩惱」，否則的話，我可能早已被許多人氣死了！被許多事累死了！正因為我是學佛的人，所以還能用「忙得快樂，累得歡喜」來鼓勵自己。雖然忙碌，雖然疲累，雖然多病，雖已衰老，還能從翻山越嶺似的波濤起伏中，平安地走過來。

我真慶幸自己是學佛的人，我也要感恩在我周遭的人，不論內部的人或外部的人，對我都很慈悲：支持我的理念，包容我的缺陷。因此，不論是從正面襄助，或者是從反面激盪，都能使我成長，所以叫我年年都過大好年。

——

選自《真正大好年》

人人為人人祝福

　　每一個人都能為對方設想，為其他人祝福，因為我們這個社會的亂源，主要是自私、貪婪、憤怒和不滿。如果常常為他人祝福，就會感覺需要我們幫助的人很多，自己能夠付出的也還不少。人人都需要溫暖、需要別人的關心與祝福，不管有沒有宗教信仰，祈福都是有用的；因為如果每個人都願意為別人祝福，至少就不會傷害別人。而從宗教的立場來看，祈福是很有用的。一來是心力的關係，其次是真的有菩薩、有佛的加持，因此透過信仰的媒介，可以使對方得到平安、得到利益。當心中有「我為你祝福」的念頭

時，就不會怨恨對方、看不順眼對方，或看不起對方，一定會尊重對方，衷心希望對方好。所以希望社會大眾都能響應「我為你祝福」活動，這樣大家就不會爭吵了。

❀ 隨時為他人祝福

祈願祝福是沒有宗教的界限，任何人都希望祈福，例如過年時，大家見面時都會說「恭喜恭喜」，這種出於善意的祝福，天主教徒、基督教徒也會做，所以祝福是沒有宗教界限的；也就是說，對沒有宗教信仰的人，祝福也是很有意義的。我們希望帶動社會共識，既然人人都希望得到他人的祝福，自己便要具備這種心胸與愛心，隨時為他人祝福。

「我為你祝福」中的「你」，可以是家庭的夫婦、兒女之間，可以是親戚或朋友之間，也

可以更擴大一些，甚至於比較疏遠的人，也能為他祝福，能有這樣的心胸和共識，對有沒有宗教信仰的人，應該都沒有關係。但是，站在佛教徒的立場，我是用佛教的方式為眾人祈福，例如我念「觀世音菩薩」、〈大悲咒〉或者「阿彌陀佛」，都是出於極大的善意。例如念「觀世音菩薩」聖號，因為他是大慈大悲、救苦救難，而且觀世音菩薩能顯現很多身分，在中國人的社會裡，都覺得觀世音菩薩是一位母性的菩薩，母性給人的感覺都是很溫和的。所以，用這種表達方式為人祝福，我相信任何人大概都不會拒絕吧！

❀ 心誠則靈

祈福也算發願，所謂「發願」，就是心裡想的，希望將來能完成；如果僅僅是口頭上的祈福，也是有用的，至少心理上會有一種溫暖感

受，讓他人感受到你對他的關懷。另外一種是，除了口說之外，還會實際地為他做有利的事，我們稱這為「發願」。例如我要為某個人祝福，我說：「但願你很有福氣！」這樣僅是口惠而實不至，做的還不夠；應該再做一些讓對方真正得到實惠的事，也許送他一本書或為他誦經，這才是實質上真正的祈福。

　　安自己的心最好的方法是為他人祈福，而所有的祈福都是心誠則靈。

選自《不一樣的佛法應用》

禪一下	過去種福，現在有福； 現在種福，未來有福； 有福的人，要惜福； 無福的人，要種福； 報福不夠，要培福。

法鼓山禪修資訊

法鼓山禪修中心簡介：

　　禪修中心為法鼓山推廣漢傳禪法的主要單位，宗旨在於推廣禪法，以達到淨化人心、淨化社會的目的，將各類禪修課程推廣至海內外各地。除將禪修活動系統化、層次化，並研發各式適合現代人的禪修課程，讓更多人藉由禪修，來達到放鬆身心、提昇人品的目的。

　　除定期舉辦精進禪修活動，包括初階、中階，及話頭、默照等禪修，開辦禪修指引課程、初級禪訓密集課程、推廣立姿與坐姿動禪、「Fun 鬆一日禪」，並培養動禪講師等，期能擴

大與社會大眾分享禪悅法喜。

　　想要開始學習禪修者，可以先參加法鼓山各地分院與精舍所舉辦的「禪修指引」或「初級禪訓班」，然後再參加為期一天、兩天或三天的「禪一」、「禪二」、「禪三」活動。如果希望能穩定長期學習禪法，可以參加「禪坐共修」。在具有禪修基礎後，再進階參加為期七天的禪七活動。

　　如果想要了解更多的法鼓山禪修訊息，可以電話詢問法鼓山禪修中心，或上網查詢，網頁提供完整的最新禪修活動。初學禪修者可挑選離家近的法鼓山分院或精舍，就近參加禪修課程。

禪修中心推廣部門 ── 傳燈院

地　址：11244 臺北市北投區公館路 186 號
電　話：（02）2893-9966 轉 6316
　　　　（請於週一至週五上午九點至下午五點三十分來電）
官　網：https://www.ddm.org.tw/default-chan
臉　書：https://www.facebook.com/DDMCHAN/
IG：https://www.instagram.com/ddmchan/
LINE@：http://line.naver.jp/ti/p/djB3dfrhZj

禪修 FOLLOW ME ③

幸福禪——上班族40則幸福指引

Chan for Happiness:
40 techniques to happiness for office workers

著者	聖嚴法師
選編	法鼓文化編輯部
出版	法鼓文化
總監	釋果賢
總編輯	陳重光
編輯	張晴
美術設計	化外設計
封面繪圖	江長芳
內頁美編	小工
地址	臺北市北投區公館路186號5樓
電話	(02)2893-4646
傳真	(02)2896-0731
網址	http://www.ddc.com.tw
E-mail	market@ddc.com.tw
讀者服務專線	(02)2896-1600
初版一刷	2013年7月
初版十一刷	2023年9月
建議售價	新臺幣150元
郵撥帳號	50013371
戶名	財團法人法鼓山文教基金會—法鼓文化
北美經銷處	紐約東初禪寺
	Chan Meditation Center (New York, USA)
	Tel: (718)592-6593 E-mail:chancenter@gmail.com

Ⅲ 法鼓文化

國家圖書館出版品預行編目資料

幸福禪:上班族40則幸福指引 / 聖嚴法師著;
　法鼓文化編輯部選編. -- 初版. -- 臺北市:
　法鼓文化, 2013. 07
　　面; 　公分
　ISBN 978-957-598-618-6（平裝）

　1.佛教修持　2.生活指導

225.87　　　　　　　　　　　　102010492